让问题到你为止

Brian Tracy
[美]博恩·崔西 ◎ 著
周芳芳 ◎ 译

珍藏版

FULL ENGAGEMENT!
Inspire, Motivate, and Bring Out the Best in Your People

中信出版集团 | 北京

图书在版编目（CIP）数据

让问题到你为止：珍藏版 /（美）博恩·崔西著；周芳芳译 . -- 3 版 . -- 北京：中信出版社，2024.8
书名原文：Full Engagement!: Inspire, Motivate, and Bring Out the Best in Your People
ISBN 978-7-5217-6572-4

Ⅰ.①让… Ⅱ.①博… ②周… Ⅲ.①企业管理－人事管理－研究 Ⅳ.① F272.92

中国国家版本馆 CIP 数据核字（2024）第 093438 号

Full Engagement!: Inspire, Motivate, and Bring Out the Best in Your People by Brian Tracy
Copyright © 2011 by Brian Tracy
Published by arrangement with HarperCollins Focus, LLC.
This edition arranged with AMA COM through Big Apple Agency, Inc., Labuan, Malaysia.
Simplified Chinese edition copyright © 2024 by CITIC Press Corporation
ALL RIGHTS RESERVED
本书仅限中国大陆地区发行销售

让问题到你为止（珍藏版）

著者：［美］博恩·崔西
译者：周芳芳
出版发行：中信出版集团股份有限公司
（北京市朝阳区东三环北路 27 号嘉铭中心　邮编　100020）
承印者：三河市中晟雅豪印务有限公司

开本：880mm×1230mm　1/32　印张：8.75　字数：146 千字
版次：2024 年 8 月第 3 版　印次：2024 年 8 月第 1 次印刷
京权图字：01-2012-0847　书号：ISBN 978-7-5217-6572-4
定价：59.00 元

版权所有·侵权必究
如有印刷、装订问题，本公司负责调换。
服务热线：400-600-8099
投稿邮箱：author@citicpub.com

谨以此书诚挚地献给阿特·范·埃尔桑德和金姆·约斯特，以及他们领导的卓越团队。阿特·范家具公司的管理模式代表了当今企业管理的最高境界。

目 录

前 言

你的目标是做一名杰出的中层管理者　////　X

杰出的中层管理者并非一开始就无所不能　////　XII

扭转当前管理的不利局势　////　XIII

弥补管理中的过错　////　XIV

你对待员工的方式决定他们的表现　////　XIV

为什么协同力是关键　////　XV

优秀的中层管理者才拥有优秀的员工　////　XVI

第一章
激发最大潜能的秘诀：幸福感

让客户获得更大的幸福感　////　004

让员工幸福才能创造最大业绩　////　005

黄金管理法则：让人们有幸福感　////　006

让员工感到幸福的 25 条建议　////　007

改变你自己的 4 种方法　////　020

从一项行动开始做出改变　////　021

第二章
激发员工充分发挥潜能的主要动机

了解你自己全身心付出的动机 /// 028

20 世纪初的科学管理法 /// 030

行为主义的盛行 /// 031

越来越多的"知识型工作" /// 031

关于提高生产效率的重大发现：霍桑效应 /// 032

喝彩的人越多，表现就越出色 /// 034

第二次世界大战后的劳动力稀缺 /// 036

知识工人的时代 /// 037

突破性的"需求层次理论" /// 037

工作的主要动力 /// 042

安排可满足员工更高需求的工作 /// 043

动机决定你对待员工的方式 /// 044

创造一个好的工作环境 /// 046

尽可能激发员工的内在动机 /// 047

第三章
点燃创造个人绩效的火焰

每个人都是一座冰山 /// 053

接受现实：人是不会改变的 /// 054

选出具有潜力的人才 /// 055

了解每名员工的自我意识 /// 057

自我理想激励人们向目标努力　　/// 058

自我形象决定了行为表现　　/// 064

自我形象和自我理想的协调一致　　/// 069

自尊心强的人通常积极有效率　　/// 070

自尊心、自我理想、自我形象和自我效能　　/// 071

创建凝聚高效能的工作环境　　/// 072

第四章
让员工认识到自己的重要性

领导的言行确定工作的基调　　/// 077

消极批评就像一颗"中子弹"　　/// 078

消极批评的多种形式　　/// 082

批评的快速传播性　　/// 083

寻找员工的闪光点　　/// 084

不要因任何理由而抱怨　　/// 085

不要在任何时候谴责员工　　/// 087

满足人们深层需求的6个"A"　　/// 088

有效倾听的4个关键点　　/// 103

一定要多注意你的言辞　　/// 106

第五章
消除阻碍员工取得成就的恐惧感

最佳的工作场所不存在恐惧感　　/// 112

人人都有恐惧感 /// 113

消除顾客的不满足感 /// 113

消除妨碍员工前进的恐惧感 /// 114

相信恐惧等于赋予恐惧力量 /// 115

向孩童学习无所畏惧 /// 115

每个人都在规避不安与恐惧 /// 117

第一大恐惧：害怕失败 /// 119

消除对失败的恐惧 /// 120

第二大恐惧：害怕被批评或被拒绝 /// 124

极具破坏性的愧疚感 /// 127

树立良好的榜样 /// 128

创建积极、自由的工作环境 /// 129

建立一支具有高度责任感的团队 /// 133

消除潜在客户对交易的恐惧 /// 134

树立目标就能无所畏惧 /// 135

你最重要的工作就是消除恐惧 /// 136

第六章
为员工创造胜利的感觉

让员工感觉自己是胜利者 /// 141

IBM 的 100% 俱乐部 /// 142

IBM 的成功来自员工的胜利感 /// 143

不要让员工觉得自己是失败者 /// 144

对员工寄予积极的期望　　/// 145

全身心地培养胜利者　　/// 146

创造胜利感的 5 个步骤　　/// 149

有效授权能激励员工发挥最大潜能　　/// 156

有效授权的 7 个步骤　　/// 158

第七章
选择合适的员工才能创造最大业绩

选错人是极大的浪费　　/// 168

好员工是免费的　　/// 170

录用始于解聘　　/// 171

录用中的归零思考法　　/// 172

选出优秀员工的步骤　　/// 174

录用掌握你所需技能的人　　/// 177

列出理想应聘者的必备条件　　/// 180

学会快速筛选求职信　　/// 184

让招聘成功率达 90% 的"三法则"　　/// 186

让你的团队介入招聘　　/// 189

录用员工的 SWAN 准则　　/// 189

谨防只会说不会做的人　　/// 193

了解对方过去取得的成就　　/// 195

不要急于"推销"这份工作　　/// 196

仔细核查应聘者的资料　　/// 196

帮你做出录用决定的有效方法　/// 199

第八章
成果就是一切

你最想实现的成果是什么　/// 206

成果要可测量　/// 206

实现你所许下的承诺　/// 207

商业管理的"三法则"　/// 208

你个人的"三法则"　/// 209

避免阻碍前进的精神陷阱　/// 209

为获得成果制订计划　/// 211

获得成功的关键练习　/// 213

让每个人都集中精力获得成果　/// 213

获得必要的成果所需的技能　/// 214

确定完成任务的最佳人选　/// 215

为什么付他薪水　/// 216

帮助员工制定工作优先顺序　/// 217

主要职责和次要职责　/// 218

创造突破性业绩的 5 个关键因素　/// 221

从解决办法开始思考　/// 225

缔造你自己的理想团队　/// 226

第九章
做公司里最受尊敬的中层管理者

成为优秀中层管理者的 17 条原则　　/// 232

原则 1：弄清一切　　/// 233

原则 2：确立高标准要求　　/// 234

原则 3：找出制约业绩的因素　　/// 236

原则 4：开发你的内在天赋　　/// 237

原则 5：集中精力做最重要的事　　/// 239

原则 6：要有勇气坚持自己的信念　　/// 240

原则 7：建立你的声誉　　/// 242

原则 8：提前计划好每一个细节　　/// 242

原则 9：在开始前进行周密安排　　/// 243

原则 10：录用优秀的员工　　/// 244

原则 11：学会进行有效授权　　/// 245

原则 12：及时了解工作进展　　/// 246

原则 13：定期向上司汇报情况　　/// 247

原则 14：寻找方法提高业绩　　/// 248

原则 15：保证产品和服务的质量　　/// 249

原则 16：制定 5 年远景规划　　/// 250

原则 17：持续创新，坚持不懈　　/// 251

结束语　　/// 253

行动起来　　/// 253

前　言

如果你的行为能激励他人去梦想更多，学习更多，实践更多和成就更多，那么你就是一位领导者。

约翰·昆西·亚当斯
（John Quincy Adams，美国第六任总统）

欢迎来到崭新的商业世界！2008年，我们经历了商业活动和运营领域的一个重大分水岭，一切都和过去不一样了。你今天所做的就是"新常态"。过去认为不错的一切都已经一去不复返了。

由于市场萎缩，竞争加剧，客户要求日益苛刻，以及优质高效人才的匮乏，你不得不花小钱办大事，利用有限的资源，创造比以往更佳、更丰硕的成果。

在如今这个极富挑战性的经济时代，悄然出现了一个非常有意思的现象：很多公司实现了以较少投入获得更多的产出。裁员浪潮席卷全球，几乎每一个领域都缩减了规模，但与此相反，每个人的生产效率、绩效和产出却都在不断增长。每家公司都在努力维持或提高各自的生产能力和服务质量，力求利用少量精英，辅以更有效的组织和管理，从而实现它们的目标。

这也必然是你的目标。

作为一名管理者，不管是哪个级别的，本质上来讲，你都是你自己的个人业务单位的经营者。你掌控着收入和支出，投入和产出，产品要求和运营策略。你经营的业务单位的利润表反映了你合理分配员工，利用资源，创造收益——尤其是经济收益——的能力，收益要超过——最好是大大超过——付出的所有成本总和。

你的目标是做一名杰出的中层管理者

衡量一家企业成功与否，很大程度上取决于该企业的管理者是否能够很好地、自始至终地保证较高的净资产收益率（ROE，即股东投入企业的实际资本的回报率）。制定战略和策略，制订计划，以及进行运营管理的目的，就是组织或重组企业员工和资产，这样才能在市场中实现净资产收益率的最大化，特别是和同一商业领域或行业的竞争者比较时。

作为一名中层管理者，你的职责就是创造最高的净资产收益率。只有净资产收益率能准确反映那些向你汇报工作的人带来的"资源回报"。你的中心任务应该是实现人力资本——包括体力、情感及脑力劳动——的最大回报率，你的员工要想实现目标，就要寄希望于或者可以寄希望于你的领导。

根据罗伯特·哈夫（Robert Half）国际公司的调查，一般人工作时只发挥了50%的能力。由于不清楚工作安排，主次不明，管理不力，方向不清，缺乏反馈，等等，因此普通员工在工作中浪费了50%的时间，也就是有大约一半的时间无事可做。

人们挥霍那一半的上班时间的方式五花八门：和同事闲聊，延长午饭时间或喝咖啡的时间，迟到早退，上网浏览网页，办私事及进行其他活动。实际上，这些事情不会给公司带来任何经济上的回报，但在此期间，员工却依然享受公司提供的工资和各种福利。

但是，正如拿破仑所说的"强将手下无弱兵"，一名杰出的中层管理者若具有敏锐的洞察力，就可以迅速把一群普通的员工组织起来，形成一支高效能的团队，这样必然可以为公司带来巨大的效益。你需要做的就是要知道如何成为一名杰出的中层管理者。

值得庆幸的是，现在我们已经知道了如何去做，一切都唾手可得。对个人绩效和组织绩效的研究已经有几十年的历史了，在花费了无数的时间后，我们已经明确知道，你现在要做什么，不要做什么，如何才能出类拔萃。既然员工的薪酬占了公司运营成本（暂不考虑销售成本）的65%～85%，而员工工作时只出了一半的力，那么作为中层管理者，你的职责就是最大限度地激发员工的潜能，为他们发挥潜能打通渠道，帮助他们提高生产力水平，创造更好的绩效。不管你身处什么职位，一旦你拥有了这样的能力，你就可以产生很大的影响。

杰出的中层管理者并非一开始就无所不能

我们还需要知道一件事,那就是每名杰出的中层管理者并非一开始就无所不能。不管一个人现在拥有什么样的头衔,大家都是从基层开始的,最初都没有任何管理技能。我个人的经历就是一个很好的例子。我还记得,那是我第一次从首席销售员被提拔为销售经理并领导30多名销售员时的事情。我当时坚信,我有领导才能,这次机会非常宝贵,我一定要让大家刮目相看,我要展示自己的领导能力。

尽管没有任何管理经验,我还是立刻开始下达各种指示,指示手下的销售员要做这件事,不要做那件事。为了彰显自己是公司里能力卓著且最有才华的人,我不仅斥责每个人,还教训整个团队。我批评犯错的员工,训斥他们没有效率;威胁那些业绩不好和不遵守规则的人,说要解雇他们。

我无视员工阴郁的表情和愤怒的目光,不在意无论任何时候他们看到我都立刻缄口不语的情况。我当然也没有看到各个小组的销售员聚到一起集体抱怨我的行为,以及我对待他们的方式。

在我担任销售经理一周后,一天早上我到达办公室时,发现办公室空无一人。就好像遇到了炸弹恐慌一样,所有人都离开了。唯一留下的人是秘书,他告诉我,公司里所有销售员都跟着一名首席销售员去竞争对手公司了。这名首席销售员非常受欢迎,而且在其他销售员中威信也很高,他悄悄地组织了其他销售员，然后联系了一个竞争对手，带走了所有人及他们手里的客户，去了对手公司。正是因为我对待他们的方式，以及额外强加给他们的来自同事间的压力，最终造成了整个团队的集体出走。

扭转当前管理的不利局势

我当时非常震惊，不敢相信会发生这样的事情。我知道，如果我的老板知道这件事，一定会解雇我的。我会失去我现有的一切，变得一无所有，正如我多年前刚刚开始工作时那样。

我不知道自己应该做些什么，于是去请教一位睿智、资历深的销售员，向他讲述了我所经历的一切。他在事业初期曾有过和我相似的经历，他详细地向我讲述了所发生的一切，指出了我所犯的错误，并告诉我现在需要立刻做些事情弥补我的过错，扭转当前的局势。

首先，我必须承认主要错误在我，我应该对整个事件负责并纠正这个错误。其次，解决这个问题的关键是那位首席销售员，是他带领整个团队离开的。如果在整个销售团队正式进入对手公司之前把他请回来，那么我就可以扭转这个对我不利的局势了。

弥补管理中的过错

那位首席销售员名叫菲利普。我立刻给他打了电话，并安排了一次会面。他来了，同行的还有另外三位销售精英。他坐了下来，一副满不在乎、无所畏惧的样子，问我想干什么。我立刻就我的行为表达了真挚的歉意，许诺再也不会无礼地对待销售人员，并问他需要满足什么样的条件他们才会回来。他私下里征询了同伴的意见后，告诉了我他们回来的条件。

他的要求很简单：我要把他提拔为销售副经理，我必须通过他才能和整个销售团队联系；从今以后，我要尊重每一名销售人员，如果发现任何问题，要先和他沟通，不能随意公开批评或指责他们。我同意了，第二天，所有的销售人员都出现在了办公室，开始上班。

在这件事中，我学到了一条经验。凭借这条经验，我组建了很多个销售团队，足迹遍布6个国家。我招募新成员，对他们进行培训，建立工作团队，然后派遣销售经理帮助团队成功运转起来。很快，每个销售团队都为公司带来了巨大的效益。这条经验对我来说弥足珍贵，它让我终生难忘。

你对待员工的方式决定他们的表现

这条经验就是：你对待员工的方式及你的一言一行，都会影响他们的情感，这一点对于调动员工的积极性和充分发挥他们的效能至关重要，要比你接受的任何教育，你所拥有的智慧，或者你在工作中积累的经验都重要得多。好消息是，因为他人的言行及待人处事的方式也会刺激和影响你，所以你会知道，要想成为一名杰出的中层管理者，你都需要做些什么；同时你也会知道，如何充分挖掘周围员工的最大潜能，建立一个高效的工作团队，不断地为你的公司创造更好的业绩。现在你所要做的，就是把这一切付诸实践。

在接下来的内容里，你将会学到，如何让那些为你工作的员工发挥最大的效能。同时，你也会了解到，你对自己和自己的工作为什么会有那样的认知和感觉。你进而也会了解到，为什么员工对自己和他们的工作会以那种方式进行思考和感知，为何会有那种反应和反馈。你也将会学到，如何正确运用"回旋镖效应"（boomerang effect）来说话、做事，让员工感觉自己很伟大、很重要，这样做的结果就是你自己也会感到幸福。

20世纪，管理学界的泰斗彼得·德鲁克（Peter Drucker）曾说过，在商业话语中，你能够做出的最重大的改变就是用"贡献"一词代替"成功"。在思考时，一旦你开始关注贡献，你的转变就开始了。从此以后，作为一名中层管理者，你对自己和一起工作的员工的态度，都会朝着积极的方向转变。

为什么协同力是关键

你能够为公司做出的最大贡献就是当公司把人力资产交

给你时，你能够让他们发挥最大的效能。这就需要协同力（synergy）。"协同力"这个词指的是一种把人员组织起来，合力同心共创佳绩的能力，大家合作创造的成果往往要远远高于所有单枪匹马的个人创造的成果的总和。这也就是人们常说的"众人拾柴火焰高"。

当员工协同工作时，4个人合作可以创造出6~7个人独立创造的成果的总和，8个人的合作力量相当于15个独立个人的力量总和，10个人则相当于20个人的总和。从这一点来看，你此时就相当于一个"增产器"。团队协作可以让你的个人素质、才干和技能得到加倍提升，由此而取得的成果和业绩远远不是多增加一个人就能实现的。你要做的就是充当激励大家的催化剂，即使你不在的时候，你的团队依然能创造更大的业绩。

优秀的中层管理者才拥有优秀的员工

在商界，总是有人问这样一个问题："为什么有些公司比其他公司更成功，更能盈利？"

为什么不管在哪一个行业，总是20%的公司赚取了80%的利润？为什么不管在哪一个特定的行业，都是20%的公司实现了该领域80%的业绩增长？为什么不管在哪一个市场，都是20%的公司的产品和服务占据了80%的市场份额？为什么总是有些公司比其他公司更成功？

答案很简单：最好的公司拥有最优秀的中层管理者。相应地，最好的公司就会拥有最优秀的员工。这就意味着，这些人总会比他们的对手考虑事情更深入、更周全，竞争意识更强，做事也更加出色。

作为一名管理者，真正能够衡量你的价值的就是业绩。正是你能够创造出色业绩的能力让人对你充满了期待。你就像一名工匠，你的工具就是和你一起工作的人。所有的工作都需要团队的合作，而团队的整体表现取决于团队个体成员的能力。你是否能够最大限度地发挥每一名团队成员的作用，很大程度上决定了你是否能够取得成果，获取收入和奖励，得到提升，最终必然决定你在商业上会走多远，取得多大的成功。

作为一名管理者，有两条伟大的成功定律一定要知道。一条是：只有你变得优秀，你的生活才会变得更美好。另一条是：只有你变得优秀，你的员工才会变得更优秀。

既然在变得多么优秀方面没有限制，那么也就意味着在接下来的几个星期或几个月内，你可以尽你所能地成为一名优秀的中层管理者，而且，在职责范围内，你所能取得的成果的数量和质量也是不受限制的。

因此，随着本书论述的展开，在阅读中请做好准备，一起来了解那些已经被证实切实可行的策略和方法，挖掘员工的最大潜能，大幅提升你的业绩，为自己赢得更多的酬劳。在你此后的职业生涯中，努力成为一名优秀的中层管理者吧。

FULL

ENGAGEMENT

Inspire, Motivate,
and Bring Out the Best
in Your People

第一章

激发最大潜能的秘诀：幸福感

赋予你的人生最崇高、最宏伟的愿景,因为你终将实现你心中所愿。

奥普拉·温弗瑞
(Oprah Winfrey,脱口秀主持人)

在我开设的市场营销课上，面对前来上课的人，我通常都会问这样一个问题："你们在做决定时，有多少决定是从理性出发的，又有多少决定是由情感决定的？"

多数人会告诉我，他们做决定时，理性的决定占80%~90%，因情感而做出的决定只占了10%~20%。每次在做完这个练习时，我给出的答案都会让他们大吃一惊。我告诉他们，实际上在人类下决定的那一刹那，100%都是由情感主导的。所有人，包括你自己，在做决定时，一开始都是从情感出发的，然后才会进行逻辑思考与判断。我们总是因情感上的一时冲动而做出决定，偶尔也会参考少量信息，然后我们会用几个小时甚至几个月的时间对我们做出的决定进行理性的分析、判断，并为此找出理论依据，支持我们当时的决定。

接着，我又提出了另外一个问题："在人类所有的行为背后，潜在的基本情感动机是什么？"

一开始，大家给出的答案五花八门，有人说是"金钱"，有人说是"害怕失去",有人说是"渴望获得",也有人说是"爱",但最终大家都认为,会让我们采取行动的最强有力的也是唯一的动机,就是"对幸福的渴望"。

亚里士多德在他的作品《尼各马可伦理学》(*Nicomachean Ethics*)中也谈到了这一点。他说,在每个人类动机的背后都有一个更深层次的动机,直到你最终找到所有事物的基本动机,那就是追求幸福。

让客户获得更大的幸福感

人们之所以会购物,是因为人们认为他们买完东西后,和买东西之前相比,会感觉更加幸福。人们买东西时,通常会事先预想所买东西会给自己带来什么样的情感享受,正是这种情感享受才让人们最终决定购买。推销员或市场营销人员推销的正是这种会让幸福感增加的"希望"。正是人们想获得更多幸福的希望促使人们采取行动,例如买东西,如果这个行动让人们的幸福感大打折扣,人们当然不会去购物了。

在商界,存在着这样一个极为重要的问题:"如果想要开发并长久留住一个客户,那么针对每一个你想要留住的客户,你首先要做些什么才能让这个客户经常和你做生意?"

答案很简单:让这个客户在和你做生意的过程中感到幸福。如果客户在和你做生意时,从买你的东西开始,一直到接受你所提供的售后服务,都能够获得比与其他人做生意更大的幸福感，那你就成功了。因此，问题的关键依然是让客户获得更大的幸福感。

让员工幸福才能创造最大业绩

对于公司的管理者来说，他们面临的问题是：如何让自己公司的员工充分发挥其最大潜能？

如何让员工主动且心甘情愿地为你贡献他们的体力和脑力，全力以赴、竭尽所能地为你工作？如何让你的员工对你及公司忠心耿耿、绝无二心？又如何让你的员工团结一致，以最小的成本，用最好的方法，快速且高质量地完成工作？

答案依然是：让员工感到幸福。安排工作时事无巨细，从一开始工作流程的安排，一直到最后工作结束的庆功宴，都要认真对待。每一个环节都要让员工快乐和幸福，从接受你的指示，到与同事合作，再到他们和客户、供应商或卖家的交流，无一例外，都要让员工感到幸福。因为员工所做的每一件事都会对你的公司的运作和发展产生影响。

多个世纪以来，在物理学上，无数的智者、研究人员及科学家经过努力，最终总结出了"统一场论"（unified field theory）：一个单一的试图解释自然界中各种相互作用的总理论。20世纪初，爱因斯坦提出了相对论，也是统一场论的基础，其著名公式是$E=mc^2$。这一理论意义重大，取代了牛顿的物理学理论。时至今日，在物理学领域，虽然人们依然在不停歇地想要建成统一场论，但爱因斯坦的相对论仍为人们所钟爱，人们在运用这个理论的同时，也在不断地发展着这个理论。

在管理学和动机研究领域，也存在着一个统一场论，那就是"让人们有幸福感"，这个原则同样可以解释其他一切理论原则。

黄金管理法则：让人们有幸福感

令人欣喜的是，"让人们有幸福感"这个黄金法则实施起来十分简单。在贯彻实施这一法则时，你必须明白：你想要别人怎样对待你，你就要怎样对待别人。据说在过去的几个世纪里，已经发现了无数个可以改善人们之间关系的办法，但至今还没有发现哪个办法的效力能超过这个黄金法则的。这是一个放之四海而皆准的根本原则。

这个法则实施起来没有什么困难，每个人都知道如何在工作中获得幸福感，每个人都相当清楚具体该做些什么。问题在于，我们往往会忽视那些可以让人们获得幸福感的事情；我们会因为其他事情分散了我们的注意力，不去做让人们感到幸福的事情；我们会因为不了解那些事情的重要性，拒绝去做让人们感到幸福的事情；甚至更糟糕的是，我们会反其道而行之，做一些让人们感到不幸福、令人厌恶的事情，并为自己的行为找出各种自认为正确的借口，总是想尽一切办法为自己辩解。

因此，要让人们感到幸福，首先要做的就是了解人们是如何思考的，怎样采取行动的，以及他们这样做的原因。然后你就会知道，如何让你的员工全力以赴地为你工作，如何在日益激烈的市场竞争中，找到那些让你的事业腾飞的关键点。你也会知道，你今日的性格是如何形成的，如何创造一个最佳的工作场所，如何实践"激励管理"，以及在自己做事时如何最大限度地激发自己的潜能。

让员工感到幸福的25条建议

因为你有太多的事情要做，因此当你在阅读本书时，可能会有一种时间短任务重的感觉。在阅读商务书籍时，很少有人会跳过第一章的内容。因此，在本书的第一章中，我将给大家上一堂"速成课"，简明扼要地告诉大家如何让员工感到幸福，从而呈现出他们最佳的一面。

这里有25条建议（没有先后顺序）供大家参考，通过这些建议，你可以创造一个能够产生最大业绩的工作环境，确保每一名员工为公司做出最大贡献。在接下来的内容中，我会逐一解释这些建议，并对其中的一些建议进行深入分析。这就是你开始的地方，立刻行动起来。

微笑 每天，当你第一次看见某个人时，冲他微笑。看着他的脸，停顿一下，微笑面对他，清楚地向他表明你看见他非常高兴。微笑只需要牵动我们面部13块肌肉，但皱眉却需要牵动更多的肌肉。因此，每天对员工微笑要比皱眉容易得多。

微笑也会让他们感到高兴，感到幸福。

问员工问题　和他们谈话，问问他们今天感觉怎么样，工作有什么进展。你对他们真诚以待，会让他们感觉自己有价值，获得了尊重，感觉自己受到了重视。员工如果内心感觉幸福、美好，就会通过努力工作来回报你，让你满意。

倾听员工的心声　当员工和你谈话时，注意倾听。仔细聆听员工的话，不要随意打断，这会让他们觉得自己有价值，受到了重视。这也会增强他们的自尊心。若领导能专注地倾听员工讲话，就会刺激员工的大脑分泌一种名为内啡肽的激素，这种激素会让员工感觉更加幸福，并增强自信。当你在倾听时，要不时予以反馈，例如点头、微笑，同时要一心一意地看着说话人的脸。倾听时，要表现得好像对他所说的内容非常感兴趣，让他觉得他所说的对你非常重要。这样的积极聆听一天中可能只会出现几次，但足够了，这足以对其他人的工作产生巨大的积极影响。

礼貌待人　在和员工交谈时，要给予对方应有的尊重，自始至终要谦恭有礼。把每个人都看作才华横溢、多才多艺且有涵养的人。身体要稍微前倾，直面他们，就好像此时此刻，在这个世界上，没有什么比与他们交流更重要的事情了。

学会说"谢谢"　就他们每天所做的每一件事，不管大小，表达谢意。谢谢他们准时出席会议，谢谢他们完成了任务，谢谢他们给你提出了一条建议。对他们在工作中完成的任何一件事情，说声"谢谢"。向你的员工表达感激之情，谢谢他们曾做过的事情，曾说过的话，他们会因此感觉自己更有价值，也会更加自信。当你对他们表达谢意时，你的感激之词会对他们的思想、情感和行为产生巨大的积极影响，他们会因此感到愉悦，会为自己高兴，并能从工作中得到快乐。

赋予员工知情权 让员工充分了解公司，了解公司从事的生意，尤其是那些可能会对他们的工作或安全产生巨大影响的事情。在每家公司中，当员工感觉他们是"知情人"，感觉自己"了解内情"，熟知他们周围发生的与其自身和工作息息相关的每一件事时，也是他们感到最满意的时候。

实行开放政策，让员工有权拜见高级经理，这也有助于帮助员工获得知情权。告诉员工，公司里"没有秘密"，告诉他们，如果任何人对公司内外事务有任何疑问的话，都可以自由提问，他们的问题都会及时得到答复。

鼓励进步 要想把工作完成得更出色，提升公司形象，一定要集思广益，鼓励所有员工提出自己的想法和意见。员工提意见时，可以采取任何可能的方式。第二次世界大战后，日本重建了他们的经济体系，建立了改进式企业经营体系，这个体系的核心就是"持续改善"。他们鼓励各个行业的每一位员工，在进入他们"视线范围"内的一切事物上，去寻找可能出现的可改进之处。

你也应该这样做。当有人想出了一个主意，不管你一开始是如何看待它的，你都要鼓励那个人去尝试，在小范围内即可，看看是否会有用。你鼓励人们提出更多的想法和主意，相应的，你得到的想法和主意也就越多。鼓励员工在工作中发挥他们的创造力，他们会干得更好，同时他们也会感觉更加愉悦，因公司而产生的幸福感也会大大增加。

把你的员工看作志愿者　把他们看作无须回报和无偿提供服务的志愿者。想象一下，你团队中的每一名成员都非常有才华，能力出众，不管在哪里他们都会工作得非常出色，但是他们现在选择为你工作，因为他们喜欢你，也喜欢你的公司。

在非营利组织中，几乎每一个人都是志愿者，每一个来义务工作的人都获得了巨大尊重，因为管理者希望这些人以后能够再回来进行义务劳动。如果你把你的员工看作不拿酬劳的志愿者，他们贡献了自己的时间来帮助你和你的公司，因为他们喜欢你，享受他们现在所做的一切，你就会对他们更好。反过来，他们也会更愿意为你工作，因为在这里他们会感受到更大的幸福和快乐。

把你的员工想象成可以带来百万效益的客户　想象一下，你正在打电话，电话的另一端是你的一位重要客户，你会以什么样的态度对待他？你会非常热情、友好和体贴，你会充分发挥你的个人魅力，专心听对方说话。你会表现出你最佳的一面。不管这位客户说什么，你都会一如既往地表现出对他非常感兴趣、有耐心、亲切而善解人意。

现在，想象一下，你的每一名员工都是这样的一位客户，都会以某种方式影响一个会给你公司带来百万效益的订单。如果你对待你团队中每一名员工都像对待你最有价值的客户一样，必然会在他们身上产生巨大的影响。他们感到了快乐，自信增加了，也就会更愿意为你工作了。

支付员工高薪　员工为公司做出了贡献，应当给予他们相应的奖励和报酬。虽然金钱本身并不是一个主要的激励因素，但如果一个人的所得远远不及他的付出，那么必将成为抑制员工积极性的主要因素。

实际上，所有的好员工都相当于是无薪的，因为好员工为公司所做的贡献远远大于他们的薪金和报酬。只有公司发展到了一定程度，才能够吸引优秀员工，留住这些员工。有了这些员工的存在，公司的营业额必将会不断地上涨。

认真思考在公司长期工作的员工曾为公司积累的庞大的智慧资本储备，他们完成的工作，他们出色地完成工作的方法，以及他们在公司内外所建立的各式各样的人脉，你就会逐渐意识到，他们是多么难以替代，要找人取代他们的话你所要付出的代价是多么大。

当无法确定应该给员工多少薪酬时，一定要秉持着宁多不少的原则。主动提高员工的工资，不要等着他们来找你要求加薪。告诉他们你是多么看重他们的工作，重视他们的付出，在经济上对他们的付出予以支持。这样你会让他们感受到快乐和幸福，他们会因此变得更加自信，也会对你和你的事业更加忠诚。

称赞员工　要时不时地赞美员工，赞美他们的外表及他们具有的品质和性格特征。人人都喜欢听别人称赞自己。某位员工穿的衣服，新买的钱包或公文包，甚至新发型，哪怕仅仅是发型的细微改变，都可以成为你赞美的内容。另外，你也可以称赞员工的品质或性格特征，例如"你意志坚强"或"你总是把工作完成得非常出色"。

员工非常关注他们自己的外表和行为，非常爱他们的家人，喜欢自己拥有的汽车，看重自己所取得的成就。在这些方面，他们都投注了大量的时间和情感。注意员工这些方面的情况，并适时地给予积极的评价，也许只需要花费你一分钟的时间，但对员工来说，他们却会因此看到自身的价值，觉得自己是特殊的，从而增强幸福感，并非常乐意努力工作。

营造和谐的氛围　如果你想要你的员工和其他积极的、有能力的人一起工作，那么作为领导者，对你来说最重要的一件事就是确保每个人在工作时都处于一种积极、和谐的氛围中，每个人都能感到愉悦和快乐。

一个消极的、难相处的人会影响整个工作环境。你的职责就是确保你的员工能够和他人和谐相处，快乐工作，同时要采取一切必要的手段，让那些消极、难相处的人去其他地方工作。

经常表扬员工　无论成就大小，都要给予员工表扬和认可。自尊的一个定义是，一个人感到"值得表扬"的程度。

每当你因为任何事情表扬他人时，你都会立即增强他们的自尊，使他们觉得自己更有价值、更重要。当人们因为你的表扬而自我感觉良好时，他们就会从内心受到激励，重复那种获得你表扬的行为或表现。因此，他们会做越来越多重要的事情，并且每次都会做得更好。

表扬的规则很简单。首先，要及时表扬。在人们做了值得做的事情或完成了一项任务后，要立即表扬他们。表扬越及时，其影响力就越大。

其次，表扬要有针对性。要对员工指明是哪项确切的工作或成就值得被表扬，同时明确获得表扬的具体标准或工作完成到何种程度才能赢得表扬。表扬的内容越具体，越有针对性，就越有助于员工在将来不断地重现这些值得表扬的行为。

最后，尽可能公开表扬员工。不论何时，当你在另外一名或一群员工面前表扬某名员工时，你的表扬对这名员工产生的影响力都会因旁观者的数量而成倍增长。

所有优秀的中层管理者都会不停地寻找一切机会，在他人面前表扬员工所取得的成就。这样的事情，只有管理者才能做到，如果能够经常表扬员工并做得恰到好处，员工就会觉得自己非常了不起，觉得自己很重要，并且也会十分乐意为你效劳。

不要批评员工 绝对不要批评、谴责或抱怨员工或他们的工作，不要让他们听到任何相关的言论。任何一种消极、否定的评论，不管是多么公正，都会打击员工的积极性，让员工感觉没有安全感，心生烦恼。

如果觉得有问题，不要说出来，放在心里。如果你陷入了困境，可以把它说给大家听，客观地、不带任何私人情感地解释清楚，然后询问是否有人可以提供方法或策略帮助你解决问题，应对困难。

要处理的工作数不胜数，出现问题，遇到困难和阻碍，遭遇挫折和险境都是很正常的现象。这样的事情每天都会发生。真正的困难在于你如何应对这些层出不穷的挑战。不管发生了什么，你要看重的应该是结果及未来的发展。不要把精力过多地消耗在已经发生的事情上，现在能够做什么才是你应关注的焦点。不仅自己要这么做，你也要带领其他人努力思考，进行创造，找到解决问题的方法，最终实现目标。

庆祝成功　无论是员工个体还是团队整体，当取得成绩时，都要为他们庆祝。为每个人叫份外卖，庆祝他们完成了一项任务，可以是签了一份重要的合同，也可以仅仅是因为你想要表达谢意，感谢大家的努力工作。如果工作中取得了更为显著的成功，你可以请员工在当地的饭店好好吃一顿。在定期的员工会议开始时，你可以先指出是哪几个人最近成绩斐然，然后在众人面前，带领大家为这几个人热烈鼓掌庆祝。

不管什么时候，当你为某个人所取得的成就庆功时，都能够激励这个人。他以后必然会付出双倍的努力回报你，在场的其他人可能也会受到鼓舞，努力工作，期望有朝一日同样的庆功会也能为自己举行。

对员工感兴趣　要关心员工的个人生活。了解他们的家庭和社交情况，关心他们在空闲时间都做些什么，关心他们平时的生活状况。实际上，每个人下班后的生活都是非常繁杂、忙碌而又活跃的，充斥着各种各样的情感和情绪。对大多数人来讲，生活的重心是他们的个人生活，下班后所思所想的每一件事才是生活的重点，而工作则是第二位的。

当你对员工真正感兴趣，把他们看作独立的个体，而不仅仅是一起工作的同事时，他们就会感觉自己非常重要，自信心也会大大增强。正是因为你对他们感兴趣，关心他们，他们才会心生愉悦，感到幸福。

做员工的良师益友 寻找各种方法帮助员工学习新东西，帮助他们成长，提高他们的工作能力。为员工推荐值得阅读的文章或书籍，如果能够买书给他们就更好了。鼓励员工学习，参加培训，为他们支付培训费用。给员工时间，让员工继续深造，提高自身的职业水平。

学习、进步、变得更有价值，是每名员工都渴望实现的。作为一名中层管理者，你必须充分了解，为了成为更有用的人，为公司创造更大的价值，你的员工都需要学习哪些课程。

有的管理者会问："我们培训了他们，如果他们在接受培训后离开了公司该怎么办？"这种问法本身就存在问题，正确的说法是这样的："如果我们不给他们培训，他们怎么会留下呢？"

你花越多的时间培训员工，给予他们指导，给他们提出有用的建议，不断地鼓励他们学习和进步，他们就会更加自信，也就越可能长久地和你并肩作战。

给员工自由 在工作中，尽量给予员工自由。工作时，你明确地给出工作指示，员工会非常乐于接受，但也应该尽可能地给员工一定的自由，让他们以自己的方法去完成工作。

鼓励员工在工作中承担高级别的责任，运用高水平的方法进行自我管理，安排工作时间。当员工证明他们可以独立自主地进行自我指导和自我管理时，给予员工充分的自由，允许他们在工作中运用其所知的最好办法进行工作。在一个明确的限度内，员工获得的自由度越大，他们就会越快乐，工作得越舒心，干得也会越出色。

保护员工 保护他们，使他们免遭他人的否定、粗鲁言辞或无礼行为带来的伤害，不管是来自公司内部的还是外部的。这一点非常重要。你绝对不能允许任何人辱骂你团队中的任何一名成员，正如你不会允许任何人辱骂你的家人一样。

如果你们公司里的某个人欺负了你的团队成员，你应该立刻解决这件事，并保证杜绝此类事情再次发生。如果你公司外部的人，即使是你的客户，对你的员工粗鲁无礼，你也应该立刻处理，并确保以后不会再发生类似的事情。

当你的团队成员了解到，你会支持他们，与他们在同一战线，保护他们不受粗言劣行的侮辱，他们就会感觉更加安全，更有保障，在工作中也会感觉更加幸福。这绝对是令员工呈现最佳表现所必不可少的条件。

把员工当作自己的孩子 如果你真心爱你的孩子，关心他们，那么在孩子的整个学习过程中，你就会表现出十足的耐心。实际上，"成年人只不过是有着更多借口的孩子"。不管我们年纪多大，在很多方面，我们的言行依然像一个孩子。如果你给予你的员工足够的耐心、热情和宽容，正如你对待你正处于成长期的孩子一样，你的整个态度和行为就会完全不一样了。

在你抚养孩子的时候，你会绞尽脑汁地思考你的行为对他们产生的影响。你知道，在他们的成长过程中，他们所经历的人生苦乐，成功与失败，在很大程度上会对他们将来成为什么样的人产生重大的影响。因此，当他们做了某些不合时宜的事情时，你不会有过度激烈的反应。毕竟，他们只是孩子。

如果你能把这种思维延伸到对待你的员工上，对所有人都耐心十足，给予他们绝对的支持，你就可以为员工创造一个安全稳定的工作环境。在这里，员工会感觉充满了干劲，他们会充分发挥自己的潜能，竭尽所能地为你工作。

和蔼可亲　一定要对团队中的成员和颜悦色，积极、主动、友好地和他们相处。热情地对待他们。永远保持乐观积极的心态。

管理者的情感基调决定了整个团队成员的情感走向。人们对决定他们工作和薪资的人的思想、情感和行为异常敏感。如果你表现得积极乐观，你就会营造出一个安全的环境，在这个环境中的人也会表现得积极乐观。如果你暴躁易怒，你的情感和态度立刻就会对周围的人产生消极的影响。

作为一名中层管理者，你肩负很多重大的责任，其中一个就是为员工创造一个环境，让他们在这里感受到快乐和安全，看到希望，认识到自己的价值。能否创造这样的环境取决于你所说的每一个字，你每次随意的一瞥，你对周围发生的各种各样的活动的回应。

高级主管总是会考虑他们的行为所带来的潜在后果。他们不会只为求一时痛快而发怒，他们会控制自己。他们会仔细考虑自己的行为可能对他人的思想、情感及行为造成的影响，他们会据此采取相应的行动。

增强员工的自信心 在和他人谈及你的工作团队时，给予他们高度的评价。在每一个可能的场合尽可能地称赞你的团队成员。在团队中，经常当着其他成员的面肯定团队中的某名成员。

因为你是管理者，你所说的每一句话都会有人复述给他人听。不管什么时候，只要你说了某个人几句好话，这些话几乎立刻就会传到那个人的耳朵里，而且会越传越好听。

同样，如果在某个时间，不管因为什么，你说了某人的坏话，那个人同样会知道这些话，这时你所说的话通常会被歪曲，失去了本来面目，越传越难听，远远超出你的想象。一定注意不要这样做。

清楚了解员工的工作内容 确定每一名员工都非常清楚他们应该做的事情，评估的方法及最后的截止日期。你能给员工的最棒的礼物（在随后的章节中将对此进行深入的探讨），就是明确一切事项。员工对你的要求了解得越清楚，越明确评估测量的方法，对他们来说就越容易全身心投入工作中，创造佳绩。只有当人们全身心地投入工作中时，他们才会真正体会到快乐，并在工作中感到愉悦。

及时给予反馈　要经常给出反馈，对员工的工作和工作方法提出建议，进行指导。你给出的反馈越多，你团队中的成员就会感觉更好，在以后的工作中也就会创造更出色的成绩。

花些时间，坐下来同与你一起工作的人谈谈他们正在做的事情，询问他们的工作进度。经常这样做可以给员工提供机会，帮助他们解决难题，对他们进行指导，尽可能地确保每名员工都把工作做到最好。当员工知道他们应该做什么，并能定期从上司那里得到反馈时，他们就会认识到自己的价值并感到快乐。

将员工当作你的上司一样对待　把每名员工都看作即将升迁的人，假设几个月后这个人就会成为你的上司，想象只有你知道这个决定。这个人现在在你手下工作，当你想到将来你会在他手下工作时，你对待他的态度必然会发生变化，向着好的一面转变。在你们的交往中，你会变得更加积极、稳重，乐于提供帮助，做事也会三思而后行。如果那个人在短时间内就会成为你的领导，你对他就会更加有礼貌，更加尊重他。

如果你能以这样的思想为指导，来对待和你一起工作的人，那么你就会非常吃惊地发现，你的影响力大了许多，你的团队所取得的成就也会更加惊人。

正如你所看到的，在这25条建议中，你只需要在态度和行为上稍微做出一些改变即可。你不需要改变你的整个性格，变成一个完全不同的人。要想让员工真正感到愉悦，从工作中获得快乐，你只需用你期望他人对待你的方式对待他们就可以了，不断地去重复这样的方式，让它最终变成你下意识的自主行为。

简单来说，把每个人的快乐进行分级，从1级（不幸福）到10级（非常幸福），有了这个分级，你就可以评估自己是不是一名成功的管理者，了解自己所负责领域的生产能力，以及未来事业的发展前景。

这个方法可以一试。但根据这个标准，你要如何对你团队成员的幸福感进行分级呢？比较理想的方法是，去问他们，让他们对自己今天的快乐和幸福感进行评估、分级。然后，问每一个人："为了将来过得更加快乐、幸福，对你来说，什么是必须做的？"

改变你自己的4种方法

只需要4种方法，就可以改变你的生活、工作，以及你与他人交往中的任何事情。

- **有些事多做一些** 为了建立一个积极向上且愉快的工作环境，什么事情你应该多做一些？
- **其他事情少做一些** 如果你想让员工每天都能充满自信，

认为自己很棒，什么事情是你应该尽量少做的？

- **你可以开始做一些你没做过的事情**　现在，你应该开始做一些什么样的事情，可以给员工带来快乐，让他们在工作中感到幸福？（可以从本章所述的25条建议中选任意一条作为开端）
- **你可以彻底停止某些行为**　哪些事情是你现在经常做但不应该继续做下去的？

如果你对上述问题并没有确定的答案，那么坐下来，和你的员工一起，几个人也好，整个团队也好，真诚、勇敢地问他们如下问题：在接下来的几天或几周内，你们希望我多做些什么事情？少做些什么事情？什么事情我现在还没做，但你们希望我从现在开始做？什么事情你们希望我不要再继续做下去了？

从一项行动开始做出改变

记录员工对上述问题的答案，然后从中选一个对他人看起来非常重要的行动，开始每天都去实践这项行动。坚持住，直到你已经完全掌握了这项行动，然后使之成为你性格特征的一部分。这可能需要花费你一个星期、一个月甚至一年的时间，但最终得到的回报是非常惊人的。一旦养成了一种特定、积极和有建设性的性格特征，你就可以有效改善工作环境，激发出你的员工前所未有的潜能，在今后的几个月或几年中，你就会成为一名杰出的中层管理者。

>>> 行动练习 <<<

1. 选定一项可以使你的公司成为一个更加幸福、快乐的工作场所的行动,然后去付诸实践。

2. 每天一定要问候团队中的每一名成员,和他们说话,越早越好。

3. 寻找一切机会表扬努力工作和干得好的员工。

4. 当员工和你说话时,不管是一个人还是一个小组,都要注意倾听。

5. 把每个人都看作你公司里非常重要的存在,相信每个人都希望承担更多的工作,获得更多赏识。

6. 和员工谈话时,把他们想象成你未来的上司,一个月后将会决定你的薪资和职位的上司。

7. 经常询问员工,为了让他们的工作进行得更顺利,给他们提供必要的帮助。

FULL

ENGAGEMENT

Inspire, Motivate,
and Bring Out the Best
in Your People

第二章

激发员工充分发挥潜能的主要动机

成功的唯一途径是，不管你的工作是什么，都要提供更多、更好的服务，超过别人对你的期望。

奥格·曼狄诺
（Og Mandino，《世界上最伟大的推销员》作者）

多年以前，当我在惠普公司演讲并为其员工做培训时，我获悉它当时的管理层是其历史上最优秀的团队。那时惠普的员工非常热爱公司，工作忙碌的时候，他们会留下来加班好几个小时，一直工作到很晚，甚至当他们赶上进度可以回家舒舒服服休息的时候，他们也会选择继续在公司工作。

最后竟然出现了这样的事情：在深夜10点到11点，安保人员不得不巡视整座大楼，切断电源，迫使加班的人回家。但这样做后，员工就会在周末回到公司，继续在办公室里和同事一起工作，投入更多的时间。因此，惠普公司就不得不聘请更多的安保人员，防止员工在周末回到公司工作，因为他们太爱自己的工作了。员工被逼着抽出时间和家人在一起，过自己的个人生活。这是多么了不起的一个故事啊！

为了激发员工充分发挥潜能，对你来说至关重要的就是，你要有能力创造一个吸引员工为工作和公司全身心奉献的工作环境。因为每个人都是不同的，做事方法各异，拥有着各式各样的希望、恐惧、梦想和抱负，做事的动机也不尽相同。让人们全身心投入不是一件简单的事情，但却是完全可以实现的。

在我小时候，几乎每个人都开一辆手动挡的汽车，这样的汽车你必须先经过一挡、二挡和三挡，然后才能达到最高时速驾驶。正确驾驶这样的车辆，汽车的排挡会啮合得非常好，没有噪声，一级一级地提速非常容易。但如果驾驶不当或越级提速，汽车排挡齿轮经常会发生撞击，发出刺耳的噪声，这时就需要立刻纠正不当操作，才能再次顺利地驾驶。一位好的司机实际上不需要踩离合器就可以轻松换挡，当他想要从一个挡换到另一个挡时，只需要提速或减速就可以了。

激发员工发挥最大效能和上述内容有着异曲同工之处。一名杰出的中层管理者，就像一位好的驾驶员可以顺利换挡一样，同样可以成功地把权力、影响力和控制力从一个人传达给另一个人，最后形成一支拥有高效率员工的团队，很少会有或根本就不会存在任何的矛盾冲突。只有每个人都有效率且工作进展都很顺利，才能完成工作，从而给公司带来发展、进步。这应该是你的目标。

了解你自己全身心付出的动机

要想激发他人的最大潜能，你首先要做的就是了解你自己，知道自己全身心付出的动机是什么。要想了解你自己，要从深入理解一些动机心理学上的重大发现开始。

辨别某个方法是否经得住考验的唯一办法就是问这样一个问题："对我自己来说，这个方法有用吗？"当你了解激励别人的方法时，首先自问一下，对你来说这些方法是否也适用。"动机"（motivation）的首要组成部分就是这个词：缘由（motive）。促使别人采取行动的缘由也会让你行动起来吗？如果你能清楚地明白促使你采取行动的缘由和促使别人采取行动的缘由之间的联系，你就能够学会这些方法，为己所用，付诸实践了，这比你只是把它们当作可以激励别人发挥最大潜能的工具来掌握要快得多。

学习和掌握任何一门学科知识的最佳方法就是实施"双面学习"（dual-plane learning）。也就是说，当你学习某一科目时，你要有意识地从两个层次上来学习。你不仅要考虑如何把这些原则方法应用到他人身上，同时也要思考如何把它们应用到你自己身上，你的生活和你的个人体验上。

只有当你切身了解了真实的情况，你才能真正掌握一门新的学科的知识，例如动机心理学。你必须明白这些动机原则曾对你起过什么作用，在过去是如何影响你的思想、情感和行为的。

尽管每个人在无数个方面都是独一无二、与众不同的，但是每个人在许多方面又和他人有着众多的相似之处。为了成为一名高效的中层管理者，你需要清楚地了解人们做事的缘由，你自己可以做出什么样的改变，该如何改善工作环境才能最大限度地发挥员工的潜力。

第二章 激发员工充分发挥潜能的主要动机

20世纪初的科学管理法

20世纪初，美国的绝大多数产业工人都是没有任何一技之长的农民，他们离开农场，来到城市，正如在1815年工业革命时期英国农民所做的那样。当时，大型的工业企业首次出现，在人力资源管理和组织上，占据统治地位的是弗雷德里克·泰勒（Frederick Taylor）的"科学管理"法。泰勒指出，每一份工作或每一个工作流程都能够分解成单个的组成部分。每一个组成部分安排一些工人——这个过程就是众所周知的"劳动分工"，普通的半熟练工人和没有任何技术的工人可以编进高效的和生产复杂产品的工作团队，例如生产汽车或电器的公司。

泰勒强调了"时间动作研究"的重要性，这项研究确定了进行生产活动的最佳方法及完成活动所用的最佳时间。通过运用泰勒的管理原则，在大公司里，数以万计的男女工人被组织起来，形成了一个个人数众多的生产组织，生产数量庞大的廉价产品，而且不会造成产品质量下降。

科学管理法存在的一个不足之处就是，它完全依赖于外部的决定、外部的组织和外来的监督。大多数工人都被认为是可以被替换的，因此不管是工头、监督者还是管理者，都可以随意地调动他们的工作，从一项工作到另一项工作。

行为主义的盛行

工人的标准化和同质化最终促成了B. F. 斯金纳（B. F. Skinner）在动机心理学上的重大发现，那就是"行为主义"。每个人都被看作一个生物体，可以通过奖惩来鼓励或使其失去信心。如果你想让工人做某件事情，例如在工厂里让工人和同事高效地进行工作，生产产品，要想让他们这样做，你就不得不提高对他们的奖励，或者加大对他们的惩罚——如果他们不按你的要求去做的话。在今天对孩子的管教和对现代企业的管理中，这种方法依然非常普遍。

工作流程标准化的结果就是大多数人都可以被组织起来，生产力得到了提高，产品质量有了保证，生产成本也降低了——这样，生产出来的产品，例如汽车，第一次进入了普通工人阶层的生活。

越来越多的"知识型工作"

劳动和科学管理的标准化存在的一个弊端就是工作变得越来越简单，让人感到枯燥无味到了极点。在流水线上工作，一个小时接着一个小时地劳作，挣一份稳定的工资，是刚刚走入大城市的人们的理想。但是多年过去了，依然重复着单调乏味的工作，就会让人感到厌烦。工人开始变得不满。于是工会运动开始兴起，目的是帮助工人消除不满，投入工业生产中。工厂拥有者及管理者与工厂工人之间爆发了劳资管理冲突。

大型工业生产设备下劳动的标准化,从某种程度上来说,是与乏味无趣的工作相伴而生的,这就导致了工厂停产、工人罢工、企业停工等各种各样的劳工行动,强大的工会运动不断地发展壮大,在和工厂主或雇主协商签订合约时,帮助处于弱势群体的工人,捍卫他们的权利。这种情况一直持续到20世纪50年代,此时,在美国出现了越来越复杂的"知识型工作"(knowledge work),同时,接受了更高水平的教育的工人也越来越多,强调个人主义、利己主义的美国工人和雇员越来越多,他们对所从事的工作和工作环境的要求越来越高,选择工作也越来越挑剔。就是在这个时候,动机心理学中一个重大发现开始被应用到不断壮大的劳动大军中。

关于提高生产效率的重大发现:霍桑效应

1928年,对个人动机的理解有了重大的突破,这个突破就发生在美国芝加哥郊外的西部电器公司所属的霍桑工厂里。根据弗雷德里克·泰勒的科学管理原则,一群人力资源专家决定采取多种方法进行实验,提高工厂女工组装电动机的效率。他们检查了工厂女工的人事记录,共有700人,他们从中挑选了一小部分作为此次研究的对象。他们告诉这些女工,之所以选择她们是因为她们在以往工作中的杰出表现。这些研究人员解释说,他们想要找到提高工厂效率的办法,提高产量,因此他们将会改变工作环境中的一些条件，然后观察研究那些在提高效率方面发挥最大作用的因素。

令人费解的现象

在接下来的几个星期里，在某个特定的组装区域，他们开始提高照明度。毫无意外，随着照明度的提高，生产效率也随之提高了。随后，他们又降低了照明度，令他们吃惊的是，生产效率仍然每天都在提高。

无论他们是升高或降低温度，增大或减小噪声，增强或减弱通风，以及改变周围环境的气味，似乎都出现了这种令人费解的现象。在每一种情况下，不管做出什么改变，生产效率都在提高。

在实验的最后，这些研究人员寸步不离地守在这些工人的旁边，他们无法给出任何有意义的见解来解释这种现象。最终，一位研究员说："为什么我们不问问那些女工？也许她们可以给出一些有用的提示，能够解释生产效率提高的原因。"

一个惊人的发现

这些研究人员找来了一些女工，请她们坐下，然后向她们解释了他们所做的一切，以及他们从实验中得出的结果。他们说，不管他们做什么，生产效率一直在提高。这个结果无法从科学管理原则中找到任何合理的解释。

经过讨论，这些女工最终给出了事实的真相，解释了为什么不管周围条件如何变化，生产效率都一直在提高。答案很简单：这些女工说，当她们从工厂众多工人中被选出来的时候，她们就感觉自己是"特殊的"。她们觉得工厂的管理层一定是非常重视她们，看到了她们的价值。不仅如此，她们那些没有被选中的同事非常尊重她们，认为她们是优于工厂中的其他普通员工的。

因此，不管实验人员怎么改变工作条件，她们都谨记自己是特殊且与众不同的，可以创造更高效率。因此她们在工作上花费更多时间，更努力也干得更好了。为了把工作干得更好，她们全身心地投入工作中，不停地寻找各种方法提高效率。

研究人员最终把这个影响因素定义为"X因素"，这也就是后来广为人知的"心理因素"。他们得出结论称，深入了解员工的思想、情感和情绪，非常有利于刺激员工提高生产效率，其力量远远大于对工作环境做出的硬性改变。对你来说，是这样的吗？

喝彩的人越多，表现就越出色

1932年，德国物理学家沃纳·海森伯（Werner Heisenberg）因为其提出的"不确定性原理"获得诺贝尔物理学奖。这个原理的第一部分是说，用物理和数学方法可以测定任何体系中一定比例的分子在某些条件下是如何运动和发生反应的。然而，不管是物理学还是数学，都无法准确预测是哪些分子以一种特定方式发生反应。因此，任何数学和物理公式总是存在着很大的不确定性，不管这种公式是多么的精确。

不确定性原理在我们的社会中得到了广泛的应用，尤其是在各种各样的保险领域。保险统计表显示，不管在哪一年，在任何年龄层的人中总会有一些人以某种方式去世。但是，因为我们不知道那些人是谁，为了减少这种"不确定性"带来的影响，我们提供了养老、医疗和残疾保险。

沃纳·海森伯在"不确定性原理"的第二部分得出结论：观察一个特定科学活动的行为改变了研究人员的看法，这样的观察会产生不确定性，那这个实验是否真的是公正客观的呢？

举个简单的例子，假设你告诉你的员工，你正在写一篇有关高级管理的报告，具体内容是关于你所在部门员工如何利用他们时间的。然后你告诉这名员工，在你写这个报告前，你将会用一个星期的时间观察他的行为。你认为这名员工会如何利用他的时间呢？

如果某个人知道他的老板将在某个角落注意他，观察他在一周中是如何利用时间的，他当然会充分利用他的时间，尤其是当他的老板就在身边的时候。这个研究——观察员工在工作时如何利用他们的时间——的结果必然会受到很大影响，因为员工知道自己在被观察着。不确定性原理再次出现了。

在西部电器公司霍桑工厂做的实验也证明了，正是因为研究人员在观察员工的工作时，员工知道有人观察他们的行为，这影响了员工的表现、行为和工作效率。工作时，如果员工更加警觉，花费更多的心思在他们所做的事情上，不只是按部就班地进行机械性的操作，那么他们必然会干得更好，犯的错误更少，从而创造更高的效率。

体坛的绝大多数世界纪录都是在大批观众的注视下诞生的。对于一名运动员来讲，观众越多，为他喝彩的人越多，他的表现就会越出色。如果有很多有鉴赏力的人观看表演，表演人员就会尽全力表演。正是观察一个人做事情的行为改变了这个人工作的方式或行动的方法。

第二次世界大战后的劳动力稀缺

在经历了20世纪30年代的经济大萧条和第二次世界大战后，在各大工业强国中，只有美国成为终极悍将，站到了最后。在战后的多年间，各种类型的日用消费品的需求暴涨，汽车、房地产、服装及家用电器都有着极大的需求量。竞争开始了。20世纪30年代到处可见的失业现象不见了，劳动力在全球范围内成了稀缺商品。受益于美国《退伍军人权利法》，无数接受了高等教育，掌握知识和技能的年轻人走出大学校门，他们带来了更多层次的消费需求。同时，社会提供给他们的消费产品的种类和数量也在大幅增加。1950年，在普通超市能买到的商品种类不足500种。到1965年，在普通超市可以买到的商品种类已经超过了5 000种。今天，一般超市里储备的货物种类已经达到了10万种甚至更多。为了及时应对客户日新月异的消费需求，满足受过高等教育的客户的消费需求，各大公司不得不一直坚持创新，让商品更加多元化。

知识工人的时代

"知识工人"的时代到来了。一个人越有才能，他就会有更多的工作选择和机会。那些最具价值、生产效率高的员工随时都能够离开当前所在的公司，立刻就会有对手公司接收他。结果就是，命令-控制式的管理方式过时了，失去了原有的作用。为了录用并留住优秀的员工，从20世纪60年代开始，各家公司不得不为员工提供一个愉悦、幸福的工作环境，便于员工为公司奉献，充分发挥他们的智力、体力及情感方面的潜力，展现他们各方面的才能。

突破性的"需求层次理论"

1943年，美国心理学家亚伯拉罕·马斯洛（Abraham Maslow）颠覆了已有的心理学研究成果。奥地利著名心理学家西格蒙德·弗洛伊德（Sigmund Freud）引领的心理学时代开始于1895年的维也纳，从那时开始，心理学家和精神病学家为了诊断和确定各种不幸的功能紊乱的成因，研究了各色人等。20世纪上半叶，针对各种心理问题的研究理论和解释层出不穷，整个领域涌现了大批的精神病学家、心理学家、精神治疗师和心理顾问，帮助人们解决给他们带来不幸的难题，以及会降低他们生活质量，破坏他们人际关系的事情。

但是心理学家亚伯拉罕·马斯洛的做法正好相反。他没有对不幸的人进行分析，而是开始研究健康、幸福的人。他对那些人进行了广泛的调查，并对其周围的人也都进行了调查。他的目的是找出那些在生活绝大多数方面都过得非常幸福和满足的人。他据此提出了著名的"需求层次理论"，这一理论即使是在现代也有着非常重大的意义，仍然有其实用价值。

马斯洛发现，所有人（不管个体之间有多么不同）都有着特定的从最基础的层次直到最复杂层次的需求。他所取得的重大突破在于，他发现，只有前一个水平的需求得到了某种程度上的满足，下一个更高水平的需求才能成为动机。马斯洛的需求层次理论对你我都适用，同样也适用于和我们一起工作的每一个人，以及为我们工作的员工。

马斯洛定义的前三个需求被他称为"匮乏性需求"（deficiency needs）。如果一个人感觉其中的一两个需求匮乏了，他会全身心地去满足这个需求，只有这个需求得到了基本的满足，他才会考虑向着满足下一个更高水平的需求努力。下面就是马斯洛定义的各个层次的需求。

生理需求

所有生物，包括人类，都有维持自身生存的最基本的需求，包括衣食住行需求，满足这些需求，人们才不会为生存而担忧。

在这种需求被满足之前,其他需求都不在考虑和关心之列。例如,你现在的生活很有规律,也非常舒适,然后,突然有一天,当你晚上开车回家时遇到了交通事故,你驾驶的汽车翻出了马路,最后掉进了河里。在那一刻,你心中不会有其他任何杂念,唯一想的就是如何逃生。

这是一种生存的本能,当战争、社会革命或海啸这样的灾难来临时,一旦感知到这些危险,惊慌失措的人们就会疯狂地逃亡,这就是生存本能在发挥作用。在那一刻,人们仅有的想法就是活下去。

幸运的是,在我们的社会中,除了在发生了事故或一些极端的情况下,大多数人的生理需求已经得到了满足。据研究显示,从1732年起,除了一些特殊的和不可预知的情况之外,在美国没有一个人是饿死的。我们的社会足够富足,有无数的慈善机构和投身慈善事业的个人的支持,没有人会因为贫穷和看不起病而死亡。因此这种需求基本得到了满足,也就无法成为一种动机了。在各个发达国家,这是一个事实,国家发展迅速,创造了足够的社会资源,满足了那些无法养活自己的人。

安全需求

一旦满足了生理需求,人们立刻就会要求满足第二个匮乏性需求,即安全需求。安全需求是指身体上、经济上及心理上要有保障。为了保障身体安全,一个人就需要有一个家或睡觉的地方，有衣服穿，有食物吃，有足够的物质资源保证自己不必为了自身的人身安全担惊受怕。

为了在经济上有保障，一个人就必须有足够的财富，可以养活自己和家人。今天，成年人面临的最大的一个恐惧就是贫困。人们害怕失去他们的财富，甚至在有些时候，当人们获悉自己失去了所有财富时，这种恐惧会让他们自杀。这种恐惧正是我们当今时代众多政治腐败等社会问题的主要根源。

为了满足心理上的安全需求，一个人就需要在初级关系中感到安全。不管是在工作中，还是在家里，都需要感到自己被接受了，获得了尊重，感受到自己的价值。如果这种需求得不到满足，他就会一直专注于满足这种需求。

归属需求

人是一种社会动物。我们每一个人都有一个确定的身份，这个身份的形成主要取决于从婴儿和儿童时期起就围绕在我们周围的众人。所有人都需要感受到，不管是在家里还是在工作中，他们都是安全和有保障的，而且是被大家所接受的。

我们如何想我们自己，很大程度上取决于我们所认为的别人对我们的印象和认识。如果一个人和周围的环境格格不入而无法融入其中的话，便会焦虑不安，尤其是在工作场合。正如前面所提到的，作为一名中层管理者，对你来说，要想培养一个高效率的员工，你能做的最重要的一件事情就是为那个人构建一个能够创造最大业绩的工作环境。在工作中，如果员工感到自己被接受了，感觉自己非常重要，有价值，不可或缺，感觉大家对他寄予了非常高的期望，他们的归属需求就得到了满足。这样，员工就会无偿地奉献他们的时间和精力，追求更高的生产效率，创造更好的业绩，为公司做出更加突出的贡献。

在职场中，要想满足员工的这三个基本需求，我们需要为员工提供可以保障人身安全的工作环境，支付合理的工资，保证员工在工作中感到真正的快乐与幸福。

尊重需求

尊重需求是指想要感觉自己有价值，很重要，得到了赏识和认可的需求。这也就是马斯洛所说的"存在需求"。只有当一个人想要通过做好一项工作来使尊重需求得到满足时——例如超越别人，在个人业绩和对公司的贡献上表现突出——那个人才是真正开始成长了。

自重的最佳定义就是"你有多喜欢自己"。你越喜欢你自己，越自重，你获得的尊重就越多。你得到的尊重越多，你工作就会干得越好，你越喜欢自己，你也就会更加喜欢别人。你越喜欢自己和别人，别人也就更加喜欢你，想要和你一起工作，为你服务。在第四章，我们将对自重做进一步的讨论。

自我实现需求

最初，自我实现需求在马斯洛的需求层次中处于最高的层次。自我实现需求就是这样一种感觉："你完成了你力所能及的事情。"

每个人的内心深处都希望充分发挥自己的潜能。只有当一个人最大程度发挥了个人的潜能，完成自己力所能及的一切事情时，他才会感到真正的快乐，才会受到激励和鼓舞。

如果一个人一直努力学习，不断地成长进步，凡事全力以赴，获得了前所未有的成就，他就会感到充分发挥了自己的潜能，实现了自我价值，满足了自我实现的需求。

满足了自我实现需求的人总是感到非常快乐，这样的人积极向上，遇事镇定，富有创造性，客观地看待自己的一切；对待他人，他们头脑清晰，待人真诚，尊重他人，得到帮助时心怀感激。按照马斯洛的分类，自我实现需求是我们所能满足的最高水平的需求，是每个人毕生追求的目标。

自我实现需求包含很多需求，不可能全部得到满足。即使当一个人感觉他充分发挥了自己的潜能，制定了一个又一个更大且更具挑战性的目标，他依然会想要做更多的事情，承担更大的职责，拥有更多的东西。在更伟大的自我实现道路上每前进一步，他就想要做更多的事情，获得更多的快乐，得到更多的鼓舞。

工作的主要动力

今日的美国就像一个大磁铁，吸引了来自世界各地的无数有才能的人，有合法入境的，也有非法入境的，不管怎样，大家都同样怀揣着一个"美国梦"。

通常认为，人们背井离乡、远赴美国的最主要的动机是赚大钱。但至少从20世纪50年代开始，当人们被问及他们为什么来美国时，最常见的答案是："在美国，你可以充分发挥你的潜能。"

人们去一家公司工作并在那里长久干下去的最主要的原因是，这家公司能够不断地为他们提供发展机会，让他们感觉，在这里，他们可以充分发挥自己的潜能。

安排可满足员工更高需求的工作

许多心理学家认为，消极情绪的产生主要是因为自己的期望破灭。

例如，一个人得到了一份工作，必然会希望可以充分发挥自己的潜能，希望可以学到新东西，获得成长，赚更多的钱。但是因为种种原因，最后没有实现。这份工作实际上非常无聊，总是要做一些机械性的工作，没有任何进步的机会。当一个人感觉公司赋予他的回报远远不及他对公司的付出时，一旦公司需要他们做出贡献的时候，他们就会非常消极和愤怒，不仅不会全力以赴，还会消极怠工。这个人越有才能，他的失落感就会越强烈。

马斯洛的需求层次理论揭示了怎样激励人们，以及受到激励后，人们为什么会采取那样的行动方式。你可以根据这个理论中的方法和指导原则，创造一个更好的工作环境，安排一些可以满足每个人更高需求的工作。这可能就是你目前正在寻找的内容，本书为你提供了一切你想要的内容。根据本书中的方法来行动，你就可以为员工提供一个可以创造最大业绩的工作环境。

动机决定你对待员工的方式

20世纪60年代，弗雷德里克·赫茨伯格（Frederick Herzberg）这位组织心理学家给出了动机心理学的定义，直到今日依然有着深远的影响。他认为，人类的动机可以被概括为两种理论：X理论和Y理论。不管你拥有的动机属于哪一种理论，都会在很大程度上决定着你对待他人的方式。

X理论在人类历史上已经存在了几千年，一直延续到了工业革命时期。根据这个理论，每名工人不仅懒惰，而且不可靠，不值得信任，必须将他们严密地组织起来，进行严格管理和监督。对工人必须奖惩分明。

根据X理论，工人是不可靠的，需要一直监督他们的工作。他们的工作环境差得不能再差，工资少得可怜，他们一旦被发现不合作或不事生产，就会立即被取代。现在仍然有很多管理者持有这样的人事管理观念，这是典型的"胡萝卜加大棒"的管理方法。

赫茨伯格最伟大的贡献在于他提出了Y理论。Y理论认为每个人都诚实可靠，心地善良，工作努力且有效率，都渴望为公司贡献自己的力量。员工对公司的要求就是公司可以为他们提供一个安全、有保障且舒适的工作环境，便于他们充分发挥自己的潜能。

激励员工需满足其动机需求

赫茨伯格同时还提出了"保健因素"（hygiene factor）的概念。在他生活的那个时代，许多雇主认为，提供一个干净、安全的工作环境，一份稳定的收入，一份好工作就足以激励员工努力工作了。赫茨伯格把这些称为保健因素，即能够满足员工的基本需求，让员工不会消极怠工，但对调动员工的积极性几乎不会有任何激励作用的因素。在赫茨伯格看来，要想激励员工，你就要迎合他们的"动机需求"。动机需求包括有趣的和有挑战性的工作，友好的同事，进步成长的机会，以及一个能得到尊重的和安全的工作环境。

如果你为员工提供了基本的保健因素，满足了马斯洛需求层次理论中的匮乏性需求，他们就会加入你的公司，为你工作；只有当你为他们提供的工作让他们觉得新奇有趣，富有挑战性，而且干起来令人快乐——换句话说，你不仅为他们提供了保健因素，还满足了他们更高层次的需求，那么，他们就会充分发挥自己的潜能，努力工作，创造出惊人的业绩。

金钱是万能的吗

多年来，许多管理者一直认为，在工作中，金钱是推动员工提高效率和好好表现的最主要刺激因素。在他们看来，"只要给员工足够的金钱，他们就会创造更高的生产力"。

要想验证这个想法的正确性，仔细思考一下下面的故事。一个星期一的早晨，在某家公司里，在开始工作之前，员工都被集合到了一起。管理者站在前面宣布，为了鼓励员工提高工作效率，公司打算给工厂里的每名员工双倍工资并且立即生效。

双倍工资会提高工作效率吗？是的，可以。但是只有一个小时的时效。涨工资一个小时后，生产效率又退回到了原来的水平，此后再也没有提高。可见，付给员工额外的工资，仅做这一项，对提高生产率、业绩不会产生长远的影响。

创造一个好的工作环境

X理论认为人都是好吃懒做、不可信任的。如果你想让他们顺利完成工作，必须不停地监督和管理他们。Y理论认为人性本善，只要你不亏待他们，他们就会努力工作，做出重大贡献。

在我看来，Z理论更接近于真理。对于管理动机的研究，我形成了自己的理论，这个理论是建立在我称之为"权宜因素"（expediency factor）的基础之上的。也就是说，每个人都会为自己谋取利益；为了得到他们想要的东西，他们会采取最快、最省力的方法，不会去考虑他们的行为可能带来的长远影响。

这也就是说，从根本上来讲，所有人都有着一样的动机，每个人都渴望安全，有保障，有归属感，得到尊重，实现自我价值。在工作中，每个人都想要获得成功，收获快乐，得到尊重。为了实现这些目标，人们会做任何他们感觉有用的事情。作为一名中层管理者，你的职责就是创造一个好的工作环境，让员工能够自发地努力工作，竭尽全力发挥自己的才能，以最好的精神状态，创造最大的业绩。

尽可能激发员工的内在动机

现在的企业比以往任何时候都注重激发员工的内在动机，让他们充分发挥其潜能。提供工作保障以及"胡萝卜加大棒"管理法这样的外部动机已经过时了，只对做基本工作、不需要任何技术含量和智力创新的员工起作用。

在当今时代，你周围的人完成工作只是因为他们想要做，如果逼着他们采取行动，往往会适得其反。他们把工作干好，是因为他们发自内心地想要迎接挑战，赢得别人的赏识。员工尊重他们的工作，热爱公司，是因为你尊重他们，你对他们好。关于这种看法，我想并不是非常难以理解吧？

你的职责就是创造一个良好的工作环境，消除那些不利于员工在工作中发挥潜能的消极因素，满足那些可以最低限度保证工作完成的中间因素，尽自己最大可能提供让员工创造最大业绩，充分发挥潜能的刺激因素。

在这种环境中，人们会从内心深处获得鼓舞，尽其所能地为公司做出最大贡献。

行动练习

1. 找出你的团队中最快乐和最有效的员工。在他的工作环境中，是哪些因素刺激他创造了卓越业绩？

2. 为了满足你的团队成员物质和精神上的需求，明确你要做的事情。

3. 为了提高团队成员的归属感，明确你要做的事情。

4. 下定决心，每天做一件事，让你团队中的一名或多名员工感到他们受到了更大的尊重。

5. 为了让工作更有趣和更具挑战性，明确你要采取的具体行动。

6. 找到你能干得最好和最享受的工作。你是如何安排你的时间，以至你可以做这么多事情的呢？

7. 在下次的员工大会上，请员工每天坚持问这样一个问题："如果让你做一天的总裁，让你对工作和生意做出一项改变，你会做什么？"要欣然接受任何有启发性的答案。

FULL ENGAGEMENT

Inspire, Motivate, and Bring Out the Best in Your People

第三章

点燃创造个人绩效的火焰

假装你遇见的每一个人的脖子上都挂着一个标签，上面写着："请让我觉得自己很重要。"如果能这样想，你不仅会在销售中取得成功，在生活中也会取得成功。

玫琳凯·艾施
（Mary Kay Ash，玫琳凯公司创始人）

作为一名中层管理者，你的职责就是最大限度地激励你的员工创造最好的绩效。在你的公司中，多达80%的运营成本用于支付员工的薪金、福利和奖金。员工个人绩效的提升，哪怕只是一点点，也会对你的营业额的增长产生巨大的影响。

　　要想充分发挥员工的潜能，你必须对你自己获得今日的成就的原因有着深刻的认识，相应地，你也要明白其他人是如何成为他们现在的样子的。你必须对人们的思考方式，所拥有的情感及他们遇事会有何种反应有着透彻和清晰的认知。你也要知道人们做或不做某些事情的原因，并了解自己如何才能以一种积极有效的方式影响他们。

每个人都是一座冰山

　　要做好上述事项并不是一件容易的事情。人其实是相当复杂的。成千上万个大大小小的经历塑造了每个人与众不同的心理和情感。孩童时代的所有想法、情感、情绪、成功、失败、恐惧、渴望及经历的事，都会对一个人以后的成长产生影响，使之成为今日站在你面前的这样的一个人。你自己亦是如此。

把为你工作的员工想象成一座冰山。冰山只有10%的部分浮在水面上，可以被人们看见，另外90%的部分你看不见，不知道什么样，也没法对其施加影响，看不见的这部分就相当于一个人过去的经历及他的潜意识。

永远不要在你的员工面前冒充一个心理学家。你要了解你的员工通常都在想什么，他们为什么那样做，但是你没有资格给你的员工提意见或给他们做咨询，或者试图改变他们，让他们变得不像自己。因为这样做不会有任何的积极作用。人们之所以成为今日的他们，那是无数点滴的影响积累起来的结果，不是你一朝一夕能够改变的。

接受现实：人是不会改变的

一条根本的原则是：人是不会改变的。就像喜剧演员弗利普·威尔逊（Flip Wilson）所说的："你看到的就是你得到的。"

人们在工作、婚姻及与他人的交往中，一旦产生了问题，如果问题双方都能够接受"人是不会改变的"这个显而易见的事实的话，那么不管有多少困难，都能很快得到解决。

如果一个人懒惰，他就会永远不想干活；如果一个人迟到，他就会经常不按时到达；如果一个人不诚实，他就会永远说谎；如果一个人头脑混乱，无法胜任一项工作，那他就会永远思路不清，干不好任何工作。人是不会改变的。

压力之下，人们不仅不会改变，自身的一些性格特点反而会表现得更加突出。如果一个人对人非常严格，当事情无法按照他的期望发展时，他就会变本加厉，表现得更加严格。如果一个人一直很软弱，优柔寡断，在面对困境和危险时，就会更加六神无主，不知所措。

在农村有一句非常古老的谚语："永远不要教一只猪飞翔。"有两个原因：一是因为这样做不会有任何作用，猪永远也飞不起来；二是因为这样做只会惹怒猪。

即使一个人主动提出想要改变，承诺会做出改变，也同意改变并为改变做了尝试，但他们依然不会改变。他们依然是他们原来的样子。人们之所以成为今天的样子，是人们过去经历累积的结果，不管你如何努力想要对他们施加影响，他们都不会发生改变。

选出具有潜力的人才

经常有人当面驳斥我的这个观点。他们说："如果人是不会改变的，那么我们努力去做的那些会让人们表现得更好和更加与众不同的事情，例如提供教育机会，鼓励他人和进行团队建设等，意义何在呢？"

答案很简单。大约在十六七岁的时候，一个人的基本性格就已经差不多定型了。绝大多数情况下，人的脾气秉性在此后的人生中基本不会发生变化了。如果二三十年后，你回高中参加聚会，你一定会非常吃惊地发现，过去和你一个高中的人根本没有任何变化，除了身体上的变化。他们思考、大笑、倾听、开玩笑，以及和他人交往的方式还是和以前一样。他们根本没变。

你所能施加影响的方面是人们的自然天赋、技巧及能力。你可以教导人们，通过帮助他们开拓符合他们的天赋和能力状况的发展道路，鼓励他们表现得更好。但是你无法把一名篮球运动员变成一位音乐家，或者把一个脾气暴躁的人变得温顺柔和。人们的大部分性格都是固定了的，不会随着时间的推移而发生改变。

大企业雇用人时，通常会看员工的脾气秉性、基本能力，然后投入大量时间把他们培养成对公司有价值的人才。他们不会试图把鸭子变成苍鹰。他们会录用苍鹰式的人才，然后教会他们编队飞行。

人们是如何成为他们今日的样子的？人们有今日的行为和表现的原因是什么？如果你可以理解关于人类行为的基本原则，那么这就是你的优势所在，你可以据此选出具有潜力的人才，为你的公司打造一支顶尖的团队。

了解每名员工的自我意识

"自我意识"（self-concept）的发现是20世纪心理学上所取得的最重大的突破之一。这一发现证明了每个人都有一个先于自己的行动，并能预测自己接下来的表现的自我意识，在任何领域都是如此。所有行为的变化和改善都始于个体自我意识的变化和改善。

自我意识包括思想、情感、需求、行动、经历及个体所做出的一切决定，它在婴儿时期甚至更早就存在了。有证据表明，胎儿在子宫里的时候，就已经知道了他们是否被期待。如果一个孩子来到人世前，其父母满怀期待，那么这个孩子和那些不知道是什么原因被父母厌弃的婴儿相比，长大后就更容易表现出积极乐观的生活态度，而且也更加有自信。

要想了解人的性格、表现、生产效率和幸福感，自我意识是一个关键。一个人的外在表现往往体现了他内心的真实感受。每个人在看待这个世界时，都是通过他以往所有的经历构成的网格或多棱镜——尤其是特定时刻的经历——来看的。一个人以前经历的事件有好的、有坏的，有善意的也有邪恶的，有真实的也有虚假的，但是绝大多数情况下，人们相信那是适合他的，对他来说是正确的，他必然会坚持按自己的信仰采取行动。

对你来说，要想发挥每一名员工的最大潜能，你必须了解每名员工的自我意识是如何工作的，你如何才能积极有效地对他们的自我意识施加影响。自我意识由各种信仰组成，被看作个体大脑中的主要程序，主要包括三个部分：自我理想、自我形象和自尊心。接下来，我们将逐一剖析这三个部分。

自我理想激励人们向目标努力

每个人的内心深处都有一个理想，希望尽自己所能成为最优秀的人。这个理想的定义是：成为你最想成为的人。一个成功的、充满幸福感的人对自己的理想有着清晰的认识。他们非常清楚他们自己真正的信仰，知道他们能干什么，不能干什么。一个人一旦能够深刻了解自己，就会比其他人更自信、更积极。精英人士和领导者都有着非常清楚的自我理想。

在每个个体心中，自我理想就是一些不仅对他们自己是重要的，对其他人也是非常有价值的东西，包括被个体所承认的所有美德、价值观、原则和品质。除此之外，自我理想也包括个体将来可能会有的各种目标、梦想、希望、抱负和想法。

当一个人的自我理想非常清晰时，他就会有意或无意地朝着那个目标努力，越来越接近自己的理想。对那些拥有他渴望的品质的人，他会特别尊重。他会被拥有和他同样品质的人吸引。他也会被那些在工作中实现自己价值的人所激励。

榜样的重要性

在任何社会中，最成功的人往往都有自己的榜样，他们崇拜并尊敬自己的榜样。不管是在世的人也好，还是已经去世的人也好，榜样的一切在他们心中都不可撼动，榜样因为其高尚的品德或突出成就而备受人们尊敬。亚里士多德曾说过："社会的进步始于年轻人品质的提高。"对年轻人来说，在他们的成长期，和他们同时代生活的榜样人物会对他们产生深远的影响。

这也就是为什么要说，自我理想的内容中最重要的就是榜样了。如果某些品质对某个人来说特别重要，是他一直渴望拥有的，那么一旦出现一个拥有这些品质并在自己的言行中表现出了这些品质的人，此人必然会受到那个人的崇拜和尊敬。

管理者最重要的一项工作就是为员工树立一个榜样，一个团队中的员工可以效仿的对象。管理者必须制定一个规则，确定对待员工的方式和完成工作的方式。如果管理者对正直和诚实等品质有很高的要求，并鼓励团队中的所有员工激发自己的这些品质，在工作中体现这些品质，他就可以创造一个积极、快乐的工作环境。在这样的环境中，价值观、美德和道义不会被置之不理，更不会无人关注。

缔造可以激发个人理想的公司

为了满足人类这种对理想的追求，最好的公司都形成了清晰的价值观、远景规划、任务、动机和目标。

确定清晰的价值观　肯·布兰查德（Ken Blanchard）和诺曼·文森特·皮尔（Norman Vincent Peale）在合著的《伦理

管理的力量》(The Power of Ethical Management)一书中，调查了数百家公司的盈利能力，并和同行业的其他公司进行了比较。他们发现，在过去的几十年里，虽然一些公司有着相似的价值观，但其中一些公司明显比其他公司的效益要好得多。这主要是因为前者价值观明确清晰，并能把这些价值观作为政策落实到书面上，明确指出在日常的商业活动中，如何贯彻执行这些价值观；而后者虽然不缺乏价值观，但他们并没有把这些价值观形成公司的理念，公司的员工也从不讨论这些价值观，根本不明白到底是怎么回事。

几年以前，我和一家公司合作，他们的公司开始于一个理念，即从对他们感兴趣的投资者那里集资，不断发展，成为美国通信产业最成功的公司之一。我了解到他们在建立公司之前，主要人物坐下来进行了讨论，然后就五大价值观达成了一致。他们把这五大价值观作为以后几个月甚至几年里可以指导他们行动及决策的行为准则。经过了无数个小时的讨论和协商后，他们选出了五大价值观，并确定了先后顺序。然后，他们采取了进一步的行动。他们写下了一些话，表明了如何在日常的工作和活动中贯彻执行这些价值观。

他们还把这些价值观及定义打印在了卡片上，公司里的员工人手一张。不管什么时候，当公司里的两名员工必须做决定的时候，他们就会取出各自的写有价值观的卡片，确保他们的决定没有背离他们的五大价值观。他们甚至在电话里也会这样做。只有当他们确定了他们正要做出的决定没有违背这些价值观时，他们才会最终拍板。

这家公司里的所有人，不管哪个级别，在我曾合作过的人中，他们都是最幸福、最积极且最有效率的。

你只需要三到五项价值观就可以创建你的公司。这些价值观的确定可能是经过了数小时的讨论和争辩，也可能是在和大公司合作的战略计划会议上确定的。但是不管在什么情况下，经过一番讨论后，整个执行团队必须就他们的选择达成一致并确定优先顺序。

确定清晰的远景规划 创建一家可以让员工心怀向往的公司的第二步就是，根据你所确立的价值观，制订一个未来某段时间内你公司发展的远景规划。

最杰出的领导者会把他们的理想付诸实践。他们会为将来制订一个5年规划或更长远的规划，想象他们的事业每一步都进行得完美无缺。他们想象他们手中握有一根魔杖，在未来的5年里，公司将会生产最高质量的产品，拥有最杰出的人才和最棒的领导者，能够为客户提供最佳的服务，拥有最棒的管理体系、最佳的声誉、最大的生产力和最高的股票价格。然后他们会回到眼前，提出这样一个本质性的问题：什么是必须要做的？

如果你对公司未来的各个方面没有一个清晰的远景规划的话，你不可能创立一家理想的公司。提供理想的产品和服务是这个远景规划的核心内容，因为任何生意的成功，90%是因为他们把提供优质的产品和服务放在了第一位。

找到你的任务 在你确定价值观和远景规划后，就可以为你的公司制定一个令人振奋的核心任务了。这个任务必须有一个明确的、可实现的且每名员工都一心想要完成的目标。这个任务同时也必须有一个评估标准，方便你随时评估任务的完成情况。

100多年前，当AT&T（美国电话电报公司）在全美拓展电话服务时，它的使命就是"让电话成为每个美国人轻松获得之物"。直到20世纪60年代该公司才最终实现了这个目标，这之后，AT&T没有再提出新的使命取代这个古老过时的使命。结果就是这家公司开始发生转变，更多的注意力被放到了政治斗争和利益争夺上，而为顾客提供服务被弃之脑后了。很快就有新的公司进入该产业，挑战AT&T的霸主地位，该公司的存在已不再是理所当然的事情了。短短几年的时间，这家公司就解散了，取而代之的是遍布美国的大大小小的电话公司。

找到一个能够激励你的目标 在你的公司里，你的首要目标是什么？你公司的目标来自你确定的价值观、远景规划和任务，这些都是你对公司的理想。你的目标要可以回答接下来这个问题：我们现在为什么做这个？你的使命决定了你和你的公司想要完成什么，目标决定了你为什么要尽力去完成它。

你的目标会影响你和你的员工的情绪，会让你夜不能眠。你想要做更多的事情，让目标变成现实。在工作中，你最大的满足感或最大的快乐源于你实现了自己定下的目标，以及听其他人讲述你所做出的贡献。

很多年来，人们总是询问我做这份工作的理由和目标。不论何时，我的答案从未发生过改变："我的目标就是希望在我的帮助下，人们能够比以往更快地实现自己的目标。"

我对目标的阐述听起来似乎有一点尴尬，但是在过去的30年里，这个目标总是会出现在我参加的每一次研讨会上，我出版的所有视听材料上，以及我写的每一份资料中，并激励和引导着我。我的足迹遍布55个国家，听众多达500万，这个目标已经成了我每一次演讲和培训课所必不可少的潜在动力。

确定你的目标 你的目标是有时间限制且可测量的，只有实现了你的目标，才能够证明你的价值，实现你的远景规划，完成你的使命。你的目标是你公司方方面面日常活动中的焦点。你对自己现在放在第一位且正在努力为之奋斗的那些目标有着多大的清晰认识，会强烈影响着你制定并实现你最重要的目标的能力。

拥有自我理想的员工

在任何公司里，最优秀的人才都是那些完全认同公司的价值观，为公司的远景规划和使命而努力，致力于实现短期目标和终极目标的人。他们每天都来工作，对于能够以某种方式帮助公司实现这些目标，感到非常激动与兴奋。他们最大的满足感在于，他们了解自己现在所做的重要努力可以让公司成为一家伟大的公司，尤其是当他们了解你公司的客户是如何定义你们公司的时候。

一个清晰的、令人兴奋的、鼓舞人心的且积极向上的远景规划，加上明确的使命、动机和目标，就构成了满足员工潜意识里最深层次需求的关键因素，这有助于员工努力追求并实现更高的理想，不管是在工作中，还是在生活中。

自我形象决定了行为表现

自我意识的第二部分是自我形象。自我形象对每个人的思想、情感和行为表现有着非常大的影响。自我形象的意思就是你在各种重大的场合及某个特定的场合积极表现时，"你如何看待自己"。

你的自我形象通常被称为"内心明镜"。在某个特定的场合，你总是会下意识地去照这面镜子，从而决定自己应该如何表现。就像男女演员在上台前的最后一刹那，会在大镜子前最后看一眼自己的妆容一样，不管去做什么，我们都会照一照内心的镜子，告诉自己应该如何表现。

美国著名的马克斯威尔·马尔茨（Maxwell Maltz）博士著有《自我形象心理学的神奇力量》(*The Magic Power of Self-Image Psychology*) 一书，该书是他的一个重大突破。在书中，他证明了人们外在的行动总是由他们内心审视自己的方式决定的，即使他们对自己的感觉并不正确。

马尔茨曾是一名整形外科医生，他的发现是他从工作中得来的。他经常给一些人做面部整容手术。整容手术改变了这些男女的外貌，让他们看起来更加帅气或更加漂亮。但是他吃惊地发现，他的病人手术后和手术前一样，都对他们的外貌不是很满意，依然很消极、不快乐。这是怎么回事呢？

他发现，如果人们没有从内心深处改变对自己的认知，任何外在的改变都是徒劳。如果他们内心深处认为自己不漂亮、没有魅力，他们就会认为别人看到他们的外貌时，也会认为他们是不漂亮的，没有任何吸引人之处。只有当他们从内心改变对自己的看法，他们才能够从外部体验到崭新的、快乐的经历。

你父母是如何看你的

你的自我形象产生于幼儿早期，从你第一次看到你父母的面容并看见他们正注视着你时开始。如果父母看孩子时非常幸福，面带笑容，认为他们的孩子是最漂亮、最聪明和最神奇的人，这个孩子形成自我形象的方式就会非常健康。他也会认为自己应该是积极向上、有魅力、聪明且招人喜爱的。这以后会成为他的世界观。所以，这个孩子在和他人交往之初，就会表现得好像他已经非常受欢迎，大家都喜欢他。

在你的整个孩提时代，你所尊重的人会对你产生深远的影响，你会非常看重他们的想法。一开始是你的父母。如果你的父母认为你非常有价值、很重要，经常表扬和称赞你，你在成长的过程中就会对自己有一个积极的认识，在和他人交往时也会有这样的自我认知。

在你的童年时期，如果有一些人——兄弟姐妹、不幸福的亲戚或与你同龄的伙伴——不喜欢你，对你非常粗鲁，很讨厌你，那么在很小的时候，你的自我形象和自信心都会发生动摇，从而让你对自己产生怀疑。幸运的是，你孩提时代形成的自我形象越强大、越积极，对他人的消极对待的反抗就会越强烈。不管人们出于什么理由对你不友好，你仍然会有一个强大而积极的自我形象。

自我形象的三个组成部分

自我形象的第一个组成部分就是你看待自己的方式。这种看法非常重要，可能源于实际，也可能不是。你可以以一种积极而现实的方式来看待自己，就像那些自我实现了的人所做的那样，你也可以用一种消极和悲观的态度来对待自己，就像那些不幸的人所做的那样。

我的父亲出生于一个非常困难的家庭。他一生对自己的认知都非常消极，他把这个遗传给了他的孩子，就像大多数父母所做的那样。多年来，他总是说我不可靠、依赖性强且好说谎，还会偷东西。有些事非常小，已经记不清是什么事了，也许是从饼干盒里拿了一块曲奇饼干，但这都不重要，关键是在我父亲看来，我一无是处。因此，在我的成长过程中，我的自我形象一直都是非常消极的，和其他生活在和善家庭的孩子相比，我总觉得自己不够好，低人一等。

在我十几岁时，我得到了一个重大的启示。我意识到，我父亲对我的评价，所说的关于我的每一件事情，都不一定是正确的。我不能被他的消极和不公正的评价影响。我从心理上给自己设置了一层保护膜。我决定无视他对我的消极评价，不再理会他的话，相反，我积极为自己擅长的且正在努力尝试的事情勾画出一幅美好的蓝图。这个决定改变了我的命运，每个曾尝试这样做的人都改变了他们的命运。

书写自己的剧本　记住，不论是在你很小的时候还是现在，任何人对你的消极评价几乎都不正确，或者不可能永远正确。任何时候，你都可以决定重新书写你自己人生的剧本。正如哈佛大学心理学家、哲学家威廉·詹姆斯（William James）曾说过的："我过去是那个样子，但是从现在起，我要换个活法。"

你过去开会总迟到吗？嗯，从现在起，每一次开会你都要准时出席。在你的成长过程中，你总是把事情弄得一团糟，没有任何条理性吗？那么，从现在起，你要学会做事谨慎且有条理。过去，当别人反对你的想法或意见时，你会退缩吗？那么，从现在起，你要积极说出自己的看法，一定要充满信心，从容、清晰地表达。

这里有一个好消息。不论什么事情，只要你一遍又一遍重复地做，最终就会形成你的习惯。只要你心中种下渴望从外部提升自己行为的种子，通过内在的重复和练习，这颗种子就会成长起来。最终，你这种渴望就会以行动表现出来，在你身上固定下来并成为性格品质中一个长久的存在。事实上，你可以把自己塑造成你渴望成为的那种人，只要你反复地把自己看作那样一个人。改变你内心深处对自我形象的认知，你就会改变你外在的行为表现。

其他人是如何看待你的　自我形象的第二部分是，你认为其他人是如何看待你的。

这一点也非常重要。如果你认为其他人对你的评价都是正面的，你往往就会表现得非常积极。如果你认为别人喜欢你、尊重你和敬仰你，那么在与他人的交往中，你就会变得乐观向上、处事得体且很有风度。

在我们的成长过程中，其他人对我们的一言一行通常会给我们带来巨大的影响；作为成年人，其他人对我们的看法依然会在很大程度上对我们产生影响。许多人由于过于在意其他人的想法和意见，以至如果没有事先得到保证，获得准许，他们无法独立进行任何行动。

为自己做决定　实际上，如果你时刻担心别人会如何评价你，你应该永远不会做或做不成任何事情。在你二十几岁的时候，你会非常在意别人对你的评价。三十几岁时，你对他人有关你的看法的敏感度就会降低许多，不会再特别关注人们是怎么看待你的。当你到四十几岁的时候，你会了解一个真理：根本不会有人花时间想到你。

实际上，人的一生中，有90%的时间都在考虑自己及自己的私事。人们分出了1%的精力给同一个群体中的其他人，包括你。一个人总是认为别人会花费大量的时间来关注和评价自己，这是人类所具有的虚荣心中最严重的部分。事实是，绝大多数人每日为自己的生活疲于奔命，根本不会有人想到你。

其他人对你的真正看法 自我形象的第三部分是，其他人到底是如何看待你的。你可能会认为，在公司里，你就是一个普普通通的员工，然后有一天突然发现，你周围的同事都认为你是优秀员工，很擅长自己的工作。另外，你也可能会感到，你周围的同事觉得你拖了整个团队的后腿。

理想的情况是，你对自己的看法，你心目中其他人对你的看法及别人对你的真正看法协调一致。如果达到了这一点，你对自己的看法，就是其他人每天看待你的方式，也就是他们对待你的方式了。

自我形象和自我理想的协调一致

这里有一个重大的发现。你是否认为自己是优秀的，有多么优秀，同你的自我形象与自我理想的一致程度有着直接的联系。

每次，当你做的事情一步步接近你想要成为的那种人的处事原则时，你的自我形象就会得到提升。你的自我感觉也会更好。同时你会感到更加幸福和自信。你也会因此备受鼓舞，再次去做同样的事情，甚至会做得更好，与你心中的目标更加接近。

当管理者告诉一个人，在某一个特定领域，他干得非常不错——这是绝大多数人的理想，那么这个人对自我形象的认同感就会上升。这个人会感觉自己得到了认可，获得了赏识，他也就会感觉更加幸福，更加自信，迫切希望能够为公司更努力地工作。

管理者对待员工的方式给员工整体自我形象带来的影响力是不可估量的。当我们还是孩子的时候，我们通过看父母的脸色，听他们说话的声音和语调来判断我们在这个世界上是否优秀，是否招人喜欢，是否聪明，或者是否安全。在我们长大成人后，我们把这种期望转移到了工作场合中，领导成了我们的"父母"。我们依然会根据他们的脸色、说话的声音来判断我们是否优秀，我们现在正在做的工作是否干得很好。因此，领导可以强烈影响团队成员的自我形象，进而影响其工作表现。如果一位领导对待员工的方式，永远让员工觉得好像他们都非常优秀的话，那么员工的自我形象就会加强，并且会变得更加快乐、幸福，更加有效率。

自尊心强的人通常积极有效率

品质的"反应堆堆芯"是自尊，即个体的感觉或情感。正是这种情感决定了一个人的品质。一个自尊心很强的人在工作中通常都是积极、精力充沛、有创造性且极有效率的。一个人如果没有很强的自尊心，就会觉得自己低人一等，缺乏自信，总是感觉不安全，没有保障。

对自尊最佳的定义是"你非常喜欢自己"。你越喜欢自己，你就会越喜欢别人。你越喜欢别人，他们也就会更加喜欢你。你越喜欢别人，你在同事中就会越受欢迎。你越喜欢自己，你在工作中就会创造更多有价值的成果。

个体的品质充分发展、进步的最大障碍是一种自我厌弃的情绪。儿童时期的经历，尤其是父母对待孩子的错误方式，很可能导致孩子长大后自卑，自认不如他人。下一章将详细介绍成长期会给一个人的自尊带来哪些影响，以及是如何影响的——在了解了我们年轻时的自尊是如何建立的以后，要从中吸取教训，然后把它们应用到工作中。

自尊心、自我理想、自我形象和自我效能

自尊和自我效能有着直接的联系。在工作中，你对自己的评价越高，你干得就会越好。你工作干得越好，你就会越喜欢自己。每次，当你学习和实践新的，会促使你把工作完成得更好的东西时，不仅你的自我效能得到了提升，你的自尊也随之提升了。

每个人在内心深处都希望感受到自己存在的意义。人们希望自己有能力，可以高效完成工作，实现目标。我们终生都会为了提升这种自我效能而努力拼搏。只有当我们真正相信自己非常擅长现在所做的且能够干得非常出色时，我们才能感到自信与幸福。

你看待自己的方式，你的自我形象，将来某一段时间内你最想成为的那种人（理想中你看待自己的方式），还有你的自我理想，这四者之间存在着直接的关系。如果你感觉你自己的行动和你想成为的那种人的行动越来越一致，你就会越来越喜欢自己、看重自己和尊重自己，你也会在各个场合变得越来越乐观、积极。从品质的这几个不同方面之间彼此存在的联系来看，对管理者来说，也许最重要的工作就是不断地增强团队成员的自尊心，提升他们的自我形象，帮助他们实现自我理想。

创建凝聚高效能的工作环境

要想培养高效率的员工、团队，以及创建高效能的工作环境，有3件事是必须要做的。

- 每名员工不仅要清楚公司的价值观、远景规划、使命、工作的动机和要实现的目标，还要为此全力以赴。明确这一点是每个管理团队的职责。
- 作为一名中层管理者，你必须提升团队中每名员工的自我形象。你必须让每一名员工看到他们自己的价值和能力，随着时间的推移，让员工的表现一天比一天好，一周比一周优秀。
- 你也必须不停地帮助每个人建立并增强自尊心，这样你的团队成员就会因为你对待他们的方式而更加喜欢他们自己。

每件事都有其价值。作为一名中层管理者，你所说、所做的每一件事要么会鼓励员工，要么会打击员工。在你的言行和为你工作的员工的情感之间，不存在中间地带。每一次的交往，从某种程度上来讲，都和情感有关。因为你管理着员工，你所说的每一句话，积极的也好，消极的也好，都会立即对其他人产生比较长久的积极或消极的影响。

记住，只需要4种方法就可以改变所有情况。能够给你带来好的结果的事情，你可以多做。会给你带来不良后果的事情，尽量少做。开始做一些你没做过的事情。停止做一些没有用的事情。在每一个工作场合，每位管理者每天都应该问自己这样4个问题：我做的事情中，哪些是多多益善的？哪些要尽量避免？哪些应该从今天开始做？哪些应该永不再做？

作为中层管理者，你必须认识到，自我意识是一个人潜意识电脑中的一个主要程序。你说的每一句话，做的每一件事，对员工的自我意识都会产生影响。你的言行，要么让员工表现得更优秀，要么让他们效率降低、一日不如一日。当你能真正认识到你的思想、言论和行为对员工的情感和表现产生的影响时，你就会成为一位更加优秀的中层管理者，可以不断地帮助员工发挥他们的最大效能。

第三章 点燃创造个人绩效的火焰

行动练习

1. 找到你认为干扰了你作为中层管理者的工作的行为,下决心停止这个行为。

2. 选出3种你想要拥有或学习的你认为最重要的管理才能。为了拥有这3种才能,你能做些什么呢?

3. 为你的公司制订一个清楚的、振奋人心的远景规划,然后确定目标,以及这样做的动机、原因。

4. 对每名员工都充满期待,告诉你的员工他们有多么优秀,他们所做的工作多么伟大。

5. 帮助员工增强自尊,把他们看作促成你事业成功的非常有价值的因素。

6. 对待员工要像充满爱心的父母,把他们看作你优秀的孩子,称赞他们的表现。

7. 如果员工获得了成功,你一定要及时予以认可。找出他们表现优秀的一面,指出他们给公司带来的巨大改变,不断提升他们的自我形象。

FULL ENGAGEMENT

Inspire, Motivate,
and Bring Out the Best
in Your People

第四章

让员工认识到自己的重要性

不追求幸福的人很可能会发现幸福,因为一心寻找幸福的人忘记了获得幸福最保险的方法就是为他人带来幸福。

马丁·路德·金
(Martin Luther King Jr.,美国黑人运动领袖)

不断激励员工发挥他们最大效能的关键，是尊重每一个为你工作的人，帮他们增强自尊心（这会增强他们的自信心，他们会因此更加自重）。每个人都有着无限的潜能，并想在工作中竭尽全力发挥自己的潜能，更快、更好地完成工作。每一个人都拥有着无穷的创造力，能够解决各种难题，实现业务目标。

在你的团队中，对于那些知识工人来讲，内在的动力比外在动力更容易激发他们。他们会把工作做得非常完美，只是因为他们自己想这样做。事实上，你无法激励任何员工；你所能做的只是为他们创造一个可以自然而然地激励其努力工作的环境。

领导的言行确定工作的基调

无论在哪一个组织中，领导都是最重要的人。领导每天通过自己的言行、与其他人交往的方式及对待他人的方式确定工作基调。员工往往"跟着领导走",学习和模仿领导对待他人的行为。如果这位领导在和人交往时谦逊有礼、充满敬意,那么最终每名员工在和同事的交往中,也就会表现得非常有礼貌,也会尊重他人。

在每一次交往中,如果你发现某些行为会让员工感觉自己非常棒,那么你可以每天都有意识地去练习。当你有意识地花时间,努力增强员工的自尊心,同时消除阻碍他们全身心投入工作的恐惧时,一个能够激发员工发挥最大效能的工作环境就像春天里的花朵一样,自然而然地诞生了。

记住,要想改变或改善任何一种情况,只需要4种方法。能够给你带来好的结果的事情,你可以多做。会给你带来不良后果的事情,尽量少做。开始做一些你没做过的事情。停止做一些没有用的事情。

帮助员工增强自尊心,你可以以停止做一些没有用的事情为起点。有3件事情是在工作中你要停止做的,那就是批评、抱怨和谴责员工的行为。

消极批评就像一颗"中子弹"

在军方有一种称之为中子弹的核武器。中子弹一旦在人口密集地区爆炸,会爆发出巨大的力量,影响很大。中子弹和另一种核武器——原子弹的区别在于,中子弹爆炸后,无人能幸存，但建筑物却会完好无损。

通用电气前董事长兼CEO（首席执行官）杰克·韦尔奇就常被称为"中子弹杰克"，这是因为，在大规模的企业改制行动中，他关闭了所有业绩不佳的分公司，解雇了那些公司的所有员工，只留下了完整无缺的"建筑"。

消极批评就像一颗中子弹。一个人所能经历的最糟糕的、可以真正摧毁一个人的品质的事情就是遭到消极批评。消极批评是生活中众多消极情感产生的根源，例如缺乏自尊、自我形象低下、自卑、不满足、没有能力和不幸福。单从这个方面来讲，虽然遭受批评的受害者还能站着，能四处走动，但是其内部的品质已经被摧毁，荡然无存。

成年人生活中存在的问题

成年人生活中存在的所有问题，其根源差不多都可以追溯到童年时期所遭受的消极批评。当一个小孩一遍又一遍被父母责备，说他糟糕、一无是处、不可靠、不值得信赖、不诚实，或者听到其他各种消极的评价时，作为一个孩子，他还无法在情感上捍卫自己，也无力反抗父母的这些攻击。这个孩子太小了，太脆弱了，这些信息很容易进入他的大脑，尤其他的父母还在不停地告诉他这些。他小小的头脑就会接受这些批评，认为这些都是不可否认的事实。这些消极的批评就成为这个孩子自我意识的一部分，毫无疑问地被接受了，最后往往会发展成为他自我形象和世界观的一部分。不管什么时候，当你看见一个犹豫不决、没有安全感、消极或充满恐惧的成年人时，你就可以立即断定，这个人在孩提时代，他的父母一定常常极其严厉地批评他，在情感上不停地打击他。

很多父母对于自己对孩子的严苛批评会带来的毁灭性效果一无所知。绝大多数父母都希望自己的孩子幸福地长大，成为一个积极乐观、自信和有能力的人。但他们不了解，在他们每日和孩子的交往中，他们对孩子的持续责备和批评已经侵蚀了孩子的自尊心和自信心，而这些是一个成年人获得成功的重要因素。

孩子为什么撒谎

当我和我的妻子芭芭拉有了小孩后，我们发现，孩子并不总是对父母说实话，或者根本就不说实话。他们编故事，说话半真半假，或者完全撒谎。每对父母都有过这样的经历。似乎抚养孩子的过程中，这样的事情是不可避免的。当事情发生时，你一开始会质疑自己抚养孩子的方法。

后来我们在一本杂志上偶然读到一篇关于抚养孩子的文章，文章中提出这样一个问题："如果你的孩子对你说谎，那么到底是谁让他们不敢说出事实？"

我和芭芭拉在成长的过程中总会遭受父母的责备和批评，父母总是抱怨和谴责我们的行为。当我们看到这个问题时，我们意识到："父母的罪恶已经传给了孩子。"不知不觉中我们已经养成了这样一个习惯：一旦孩子做了我们认为不对的事情，或者和我们意见相悖时，我们就会批评、痛斥他们。在那一刻，我们决定打破批评主义导致的邪恶怪圈，这样的批评只会带来愤怒、抵触和谎言，我们要把它从我们的家里彻底消除。

我们立刻和我们的小孩坐了下来，告诉他们我们再也不会指责和批评他们了。我们告诉他们，他们再也不会因为讲真话而陷入麻烦了。我们还告诉他们，只要他们讲真话、不撒谎，我们就会支持他们，赞同他们。

孩子会先试探你

虽然是小孩子，但他们也不会轻易相信我们的承诺。因此，他们想要用一些偶然发生的和非常小的事情测试一下我们。如果他们在学校惹了麻烦或打碎了东西，他们就会走过来告诉我们，然后小心地观察我们的反应。我们遵守了我们的承诺。我们再也没有因为他们犯的任何错误批评他们。我们总是因为他们讲出了事实而感谢他们，表扬他们。几个月后，我们的孩子不再对我们撒谎，几乎把他们生活中发生的每一件事都讲给我们听。说真话成为他们的品质之一，融入了他们的灵魂。他们很快就成为他们朋友圈中诚实可靠的好孩子。

成年后，我们的孩子在他们认识的所有人中，获得了诚实可靠的良好声誉。他们总是很镇定，能够清楚地说明他们的想法。即使是当他们在和美国总统谈话时，也一样坦率，就像和普通的来访者交谈一样。他们出席任何会议，以及同陌生人交往时，不管他们的地位和职位是什么，他们都不会感到恐惧。

不要因为任何原因批评孩子，这样就可以消除那些会摧毁年轻人的恐惧。

这条建议同样适用于你和你的员工。如果他们不把事实真相都告诉你，那么是谁让他们对大声说出真相感到恐惧的？现在就下定决心，在你的公司制定一条政策：不管以何种方式，任何人都不会因为讲真话遭受惩罚。鼓励员工在任何时候都开诚布公，尤其是有坏消息时。

消极批评的多种形式

消极批评有很多种形式。可能是对着孩子，直接指责他们很糟糕，一无是处；也可能是通过某种态度暗示，比如不同意、藐视或指责孩子的外貌、穿着或行为，认为其不合时宜。对于孩子来说，如果总是连续不断地受到批评和痛斥，一遍又一遍遭到同样的辱骂，这必将在他们的人生中打下深深的烙印，会一直伴随到他们的成年期。出现这样的结果非常正常，即使是成年人也是一样。总之，一个人可能形成的最糟糕的自我意识就是"我不够优秀"。

"我不够优秀"这种认知是各种消极自我认知的根源，例如，不满足、自卑、消极、胆怯和不受欢迎等。因此，有一些人不管多么成功，他们都从来不会停止追求更多的东西。他们会进行各种尝试，做很多的事情，试图压制"我不够优秀"的声音。

消极的批评很可能是被臆想出来的，因为当人们不能做好某事，产生自我厌弃的情绪时，他们就期待着有人能够批评他们，由此避免再次做出或继续那个行为。人们期待这种批评发生，因为他们担心一旦自己做或没做某件事，他们生命中某个重要的人可能会不高兴，不再支持他们。

消极批评就像一片"肥沃"的土壤，能够滋生各种消极的情绪。消极批评让人们对失败和被拒绝的恐惧增强或加倍了。消极批评会让一个人愤怒、充满防备，有时这会延续好几年甚至几十年。消极批评会让人感觉自卑，而自卑又会滋生妒忌和愤恨的消极情绪，尤其是对那些比较成功的人士而言。消极批评及由消极批评导致的自卑都会让人产生妒忌之心，如果一个人有过这些消极情绪，就会嫉妒那些比他们干得出色的人。

批评的快速传播性

时间可以无限缩短，从一个小时缩短到一分钟、一秒、一毫秒、十亿分之一秒，但最短的时间量要数一个流言在公司里的传播速度了。在总公司说的任何话，做的任何事情——可能会对某个人的生活或工作产生影响，即使他在国家的另一端——在你还没来得及拿起电话直接通知他时，就已经以夏日闪电一样的速度传到那个人的耳朵里。

在工作中，对他人的批评的传播速度也是一样迅速。不管你在哪里，在什么时候，针对某人说了一些消极批评的言辞，哪怕是在一个常去的小饭店吃晚饭时说的，也会以你无法想象的速度传到那个人的耳朵里。如果你想要充分发挥员工的最大效能，那你一定要注意，不要以任何形式对员工进行批评、抱怨和谴责。

寻找员工的闪光点

作为一名中层管理者，为了激发员工发挥最大效能，你第一步要做的就是在你的言辞中消除任何批评的话语，不管出于何种理由，都不要有。从今天起，下定决心再也不因为任何理由去批评、攻击、侮辱或藐视你的员工。在已发生的每一件事中，尽量挖掘好的一面。

你一定听说过，半杯水放在那里，乐观主义者看到的是已经在杯子中的那一半水，而悲观主义者看到的是杯子空的那部分。要想成为最优秀的中层管理者，还有一件事同样重要，那就是坚信所有问题都会得到解决，所有的困难都会被克服。不称职的管理者处理问题时关注的是发生了什么，谁应该受到谴责，谁应该被惩罚。不要一直想着已经发生的问题并为此纠缠不休，要着重考虑怎么解决问题，一旦你关注的焦点变了，你就在瞬间从一个悲观主义者转变成了一个积极乐观者。

如果你决定摒弃自己的某个行为，而且你想改掉的这个行为会对你生活中或工作中的人际关系产生深远的影响，那么你要做的必然是，不要再随意批评和谴责你的员工。当你偶尔出口伤人时，要立刻去道歉。去找那个被你伤害的人，对他说："我对我所说的话感到抱歉，我原本不应该那样对你说话的，我没有任何理由可以那样做。请接受我的道歉。"

道歉是需要勇气的，虽然很简单，但却可以调和事端，使之回到一个平稳状态。

不要因任何理由而抱怨

你不能做的第二件事，就是不管出于何种理由，都不要去抱怨。多年来，在研讨会和讲习班中，我曾和数以千计的人一起工作过，我发现，凡事喋喋不休、抱怨个不停的人一定是来自这样的家庭：在他们的成长过程中，父母总有一方成天抱怨个不停。因为孩子会模仿父母中当家做主的一方的行为，他们最后会得出结论，当不高兴或不满意的时候，抱怨是一种非常自然的反应。从那个时候起，他们就开始抱怨大大小小的事情。

他们养成了凡事抱怨"太糟糕了"的习惯。这就像一款游戏，谈话中的每个人都会抱怨生活中的某件事。一个比一个怨声载道。这个过程不停地循环，每个人都想尽办法抱怨得比别人更厉害，控诉他们的身体状况、经济条件和工作，而更多的是埋怨别人。

物以类聚

爱抱怨的人总是去寻找可以抱怨的人和事，而与他们交往频繁的人往往都是爱抱怨的人。工作时他们在一起，下班后他们依然会聚在一起。他们会一起出去吃饭、喝咖啡。抱怨成了他们交往的基础，成了他们谈话的主要内容。

在批评和抱怨中，存在着这样一个显著的问题。在这两种情况中，当你这样做时，你就把自己放在了受害者的位置。当你抱怨时，你会说："太糟糕了。就是因为这个，我成了受害者，看看他们都对我做了什么。"

当你抱怨时，你就在削弱自己的力量。你在内心深处产生了某种自卑和不满足的情绪。你感到愤怒，心中充满了愤恨。你感觉非常消极，没有安全感。当你对别人抱怨某件事时，实际上你的自信心和自尊心也在随之减弱。不停地抱怨带给你的伤害远远大于它对你所抱怨和控诉的对象的伤害，有时甚至不会对对方产生任何影响。

不要心存戒备

亨利·福特二世曾经说过："不要抱怨，不要辩解。"根据心理学家威廉·葛拉瑟（William Glasser）的观点，身心健全的人都具有的一个特征就是他们毫无防御性。他们感觉自己没有必要向其他人抱怨或解释事情的原因。

我曾经犯过一个错误，抱怨我儿子正在做的某件事。当我喋喋不休地抱怨时，他看着我，耐心地听我说话。当我停止的时候，他直盯着我的眼睛说："那你觉得呢？"

在他看来，只要我想，我可以抱怨任何事情。但这不会对他产生任何影响，更不会改变他的决定。他拒绝受我的言辞的影响，我为他感到骄傲。

作为一名中层管理者，如果你不满意某件事，你有权利提请员工注意。你有责任把它提出来，并摆到明面上来讨论它。如果你对某个行为或结果不满意，你的职责是进行积极干预，改善或纠正这种情况。真正发生的事情和你的期望会存在一定的差距，因此你在处理问题时，必须真诚，态度客观。然后，你可以邀请大家提出意见和共享信息，你和你的员工共同找出解决问题或改善状况的办法。但是你绝对不要抱怨。

不要在任何时候谴责员工

你不能做的第三件事就是，不管是在公司内部，还是在公司外部，不管是出于什么理由，都不要随意谴责你的员工。当你私下里当着一个人的面谴责另一个人的时候，这不仅会让听者感到失望，而且被你谴责的那个人几乎立刻就会知道你在背后说他了。当你在公司外部谴责某名员工时，最终也一定会有人告诉那个人你所说的话，传来传去，你的话通常都会被歪曲，失去本来面貌。当你最后知道时，会感觉非常郁闷和烦恼。这就好像一条自然法则，根本没法避免。

在做生意时，当你谈论你的竞争对手或顾客时，这条建议同样重要。不要随意批评你的竞争对手。如果他们在某个领域比你成功的话，给予他们应有的尊重，然后寻找方法生产出比他们更好的产品，提供更好的服务，拓展销路，更快地销售出去。不要因为任何理由谴责任何人和任何事情。相反，有精力抱怨和谴责他人，不如把同等的精力放在寻找解决办法上，解决那些会带给你不幸的难题。

满足人们深层需求的6个"A"

人们都有着深层次的潜意识需求。人类最深层次的需求，即人类的核心情感需求是自尊需求，也就是感受到被尊重，感受到自身的价值。员工都希望领导——一个对员工的工作和收入有着绝对影响力的人——喜欢自己，看重自己的价值。最深层次的需求就是感受到自身的重要性。

下面有几种方法，可以满足人们的自尊和自我重要性这两种深层次的潜意识需求。这几种方法的关键词的英文首字母都是"A"。

练习无条件接受员工（Acceptance）

从幼儿时期起，每个人就有了一个自己不知道的深层次需求，那就是希望被生命中最重要的人无条件接受。当一个人感受到被别人接受时，他就会感觉很安全，有保障。他会感到充满自信，无所畏惧。他会觉得他可以自由而真诚地表达自己的想法。

社会学家指出，不被其他人认同或被整个社会拒绝，是社会中愤怒人群和团体制造问题并危害社会的根本原因。表现出反社会行为的人实际上都是想用自己的方式，努力赢得那些现在并不接受他们的人的认可。

你能给孩子最大的礼物就是无条件的爱。不管你的孩子说了什么，做了什么，你都要全心全意地去爱他。你付出的爱无须协商，只有一个定量，这个量就是100%。对于一个孩子来说，最重要的事情就是他人生中最重要的人对他无条件地接受和认可，没有什么能比这种接受更能增加他的自信心和安全感了。这种认可成为孩子智力和情感的基石，孩子长大后就会变得非常幸福，心智健康，充满了自信。

笑对他人 不管是在家里还是在工作中，如果你所做的一切一直以来都表达了你对每个人——你遇见的每一个人——无条件接受的话，那么你很快就会成为你周围的人中最受欢迎的人。你要如何表达你会无条件地接受每个人呢？很简单：微笑。

比起皱眉头，微笑牵动的肌肉要少得多。当你冲着别人微笑时——一个温暖而真诚的微笑——你就是在告诉那个人，你认为他非常有魅力，讨人喜欢，非常可靠。仅仅一个微笑就有着如此威力，它可以改变人们，说不定在某一刻，突然就把一个消极和充满偏见的人转变成了一个积极乐观且充满幸福感的人了。

微笑的力量非常强大，很多维持长久的婚姻关系始于在某个房间的偶然相遇，彼此的会心一笑。你一定听人们说过："当我们的目光相遇时，我们就知道我们彼此是天生的一对。"

享受回报 当你对别人微笑时，自己也得到了最大的回报。当你微笑时，大脑就会释放内啡肽。内啡肽被称作大自然的"快乐制剂"。它可以让你感到快乐，可以提高你的幸福感，发挥你的创造力。当你微笑时，你就是在对周围的人展现你的风度和你的友好。在绝大多数情况下，最受欢迎和最有影响力的人是那些在遇到他人时，主动向他们微笑致意的人。

对员工的付出心怀感激（Appreciation）

增强自尊的第二个"A"就是心怀感激。人们希望因为自己的所作所为得到他人的感谢。对人们的感谢代表承认了他们的价值和独特之处。当你对人们心怀感激并表达出来时，你就提升了他们的自尊心，增强了他们的自信心，改善了他们的自我形象。你因为某件事越感激某个人，这个人就越有可能去再次做同样的事情，下次甚至完成得更好，这样他就会比以前得到更大的赏识。人们对赏识的渴望是没有边界的，永远也无法得到彻底的满足。

表达感激的最简单的方法就是，对于人们做出的对他人有帮助的和积极向上的任何事情，说一声"谢谢"。像微笑一样，说一声"谢谢"同样可以刺激你的大脑释放内啡肽，当别人看到你的微笑，听到你的感激之辞时，他们的大脑也会受到刺激,释放内啡肽。当你因为小事感谢人们时,他们就会努力做出更大成绩来满足你,让你高兴。

一位旅行者的故事 多年前,为了扩展业务,我的一个朋友打算去东亚和东南亚等地区。他打电话给我,问我是否能够给他一些建议,让他能够在异国他乡和不同的人更好地相处。根据我去过诸多国家的经验,我只给了他一条建议:"不管在哪一个国家,也不管说哪一种语言,一定要学会说'请'和'谢谢'。"每次你和不同的人说话时都要微笑并使用这两个词。对你来说,这是非常简单的表达,但却可以让你不同于绝大多数穿行于亚洲各座城市的各大机场、旅馆和饭店的西方人。

在几个国家旅行了几个月后,他写信给我,告诉我,那是他收到的最好的建议。不管他去哪里,他都会使用这些词汇,并且他相当震惊于人们因此对他都非常友好,给予他非常大的帮助,即使是在非常困难的境况下也是如此。他说:"这个建议应该印在每个国家出版的每一本旅游指南的首页。"

当你对他人所做的任何事情都心怀感激时,不管是在家里还是在工作场合——即使是在不工作的时候——都表明,你正逐渐认识到他们的价值所在。具体做法就是,挑选一些员工,对他们做出的特殊贡献表达你的感激之情,并适当地奖励他们。正如你的妈妈告诉你的,"请"和"谢谢"就像润滑剂,可以让人与人之间的交往活动变得更加顺畅。

做一名随和的中层管理者（Agreeable）

如果你成为一名真正积极和快乐的中层管理者，你的这种乐观的心态就会传播开来，像温暖的阳光洒满整个工作场所。在你营造的工作环境中，员工会感到轻松快乐，他们也能在此看到自己的价值，认识到工作的重要性。增强自尊的第三个"A"就是随和。

当请人们描述他们更喜欢与之合作的公司及公司中他们最喜欢的人时，他们最喜欢用的词汇似乎总是"友好"。如果问人们为什么买这个厂家的产品，或者为什么去那家商场购物时，他们会说："嗯，我可以去别的地方，但这里的人非常友好。"

当请人们给"友好"下个定义时，最常见的就是"快乐"。友好的人绝大多数时候都是快乐的。不管你什么时候遇见他们，他们都非常积极快乐，似乎也很高兴能够见到你。他们让你感觉自己非常重要、有价值，他们是在通过情感和你交流。他们对你很好，你就会倾向于和他们合作，而且不止一次。

对友好的另一种理解是"随和"。因为从孩提时代起，人们就会发自内心地害怕失败，害怕被拒绝，所以绝大多数人喜欢与随和的人交往，随和的人在大多数时间里都很友好，会让周围的人感到愉悦。当他们阐述一个观点或提出一个想法时，他们不喜欢和人争辩或争斗。在人与人的谈话和交往中，随和的态度是一种非常神奇的润滑剂。

在商界，我有几个一起合作了很多年的朋友，10年、20

年甚至30年的都有。回想一下，我可以说，我们从来没有争吵过，也没有意见不合的时候。我们一起合作过很多复杂且高投入的商业项目，有些非常成功，有些则惨败。我们曾一起讨论协商了成百上千个小时，但是我们之间从来没有出现过意见不合的情况。

不同意但不愤恨　成年人获得成功的一个关键就是允许有不同意见的存在，但不能因此而彼此仇视。每个人都有权利表达自己的不同观点。对同一件事或同一个事实，每个人都可以说出不同的看法。但是绝对没有必要因为别人与你看法不同就不高兴并生气，或者想方设法地让别人听从你的看法。你可能听过这样一句名言："可以说服一个人违背自己的意志，但无法改变他的观点。"

在商业上最成功的人在和他人进行讨论时，手段通常都非常高明和圆滑。他们会有意识且小心地避免说一些或做一些容易激怒对方或引起对方反抗的事情，尤其在协商的过程中。在与人交往时，他们的亲善与随和反而会给他们带来成功。

如果你现在正和人讨论事情，彼此之间看法不同，你会怎么办呢？如果在你看来，另一个人看问题的立场完全错误，你会怎么办呢？根据你自己的知识及你对情况的了解，你根本没有办法赞同其他人想要你去做的事情，你会怎么办呢？

同样地，你可以有异议，但是不能仇视对方。处理不同意见的一个方法就是完全掌控自己，试着让自己站在对方的立场上考虑问题。当一个人提出一个有争议的或完全错误的观点时，不要急于争辩，问问他："你为什么这么说？"

另一个可以解决争端但又不会引起愤恨的方法，就是你可以利用第三方解决分歧。当某个人提出了一个有争议的想法而你不同意的时候，你可以把你的观点说成是一个不在现场的人的意见。例如，你可以这样说："这个想法很有意思。但是我们的一个客户（第三方）会问我们为什么要做出改变，到时候该怎么对他们解释呢？"

曾担任国际电话电报公司（ITT）总裁的哈罗德·吉宁（Harold Geneen）说过这样的话："在商界，存在的最大问题不是酗酒，而是自我主义。人们一旦选择了某种立场，不管是哪种，正确的也好，错误的也好，他们通常会只关注自己，坚决捍卫他们自己的立场，与各种反对意见对立起来。即使当他们大错特错的时候，他们也会坚守自己的立场，固执己见，要想改变他们的想法也就难上加难了。

但是当你将你的观点以一个假想的且目前不在场的人的名义说出来时，那么对对方来说，让他们改变自己那个站不住脚的立场就容易多了。当他们考虑第三方提出的观点时，他们会觉得自尊没有受到伤害。

一定要有魅力　我和我的朋友罗恩·阿登（Ron Arden）合写了一本书——《魅力的力量》，在经过多年的研究和体验后，我们共同发现，那些被认为"有魅力"的人都有很强的能力去影响和说服别人，比起那些被认为是爱争论的和易激动的人要厉害得多。

如果你想给别人留下有魅力、受欢迎和彬彬有礼的印象，那么要多问问题，并且要尽量少或不要发表声明。当其他人说话时，要集中注意力，怀着极大的兴趣聆听他们的谈话。

对你来说，要想早点解决问题，一个很好的策略就是，在各个方面都成为一个充满魅力的人。下定决心，成为一个处事镇定自若，让人感觉和你相处很自在的人，让自己变得积极、愉悦且和善。大家会因此汇聚到你的身边，愿意与你谈话和聊天。你如果能让别人越来越感受到自己的优点，不管他们持有什么样的立场，都会很容易受你影响，改变他们自己的想法，跟随你的选择。试着这样做一下，看看对你是否有用。

经常表达对员工的赞美（Administration）

通过让员工感觉自己很重要来提升他们的自尊，是你努力的目标。要让员工感觉自己很重要、很有价值，最有效的一个办法就是赞美他们。赞美是增强自尊的第四个"A"。你可以赞美他人的财产、他们的品质及他们取得的成就。美国总统亚伯拉罕·林肯曾说过这样一句话："人人都爱听恭维的话。"

你应该想尽一切办法赞美别人，赞赏他们拥有的财物，不管是在个人生活中还是在工作中拥有的。绝大多数人会花大量的时间考虑他们为自己家或工作购买的东西，他们自己穿的衣服，他们使用的配饰，他们开的车，甚至是他们读的书。不管什么时候，如果你非常细心地注意到了某个人已经获得的东西并给予真心的赞美时，这个人立即就会因你而感到非常快乐并认为自己很重要。

赞美没有限制 赞美人们穿的衣服和他们所佩戴的配饰，赞美他们的仪表，赞美他们的领带、鞋子、裙子、发型，还有公文包。不管什么时候，当你注意到一个人有了新的东西或发生了变化时，一旦你看见他，立刻停下来，告诉他你的发现。例如"这条领带真漂亮"，或者"你的裙子真好看""这款公文包真不错"。当你看见某个人拿着一部手机时，对他说一句："这部手机真酷。"或者赞美某人开的汽车："这辆车真棒。"

当你进入一个人的办公室时，里面可能会装饰着一些图片，摆放着一些与那个人有关的私人物品。花一点时间观察一下什么对那个人来说是非常重要的，然后赞美它。如果你看见一张照片，问一下照片里的人都是谁，然后赞美照片里的人，例如"看起来非常幸福"，或者"很有吸引力""明显玩得很愉快"。

当你进入一名管理人员的办公室时，注意墙上的毕业证书，架子上的奖杯，书架上的书籍，还有这个人使用的办公用品。花一些时间仔细观察，然后说一些这样的话："能获得那个文凭很了不起，获得那个学位你一定非常自豪。"或者说："这个奖杯看起来真棒，你怎么获得的？"

在你花时间赞美某个人的非常私人的和独一无二的东西时，那个人立刻就会改变对你的看法，变得非常容易受你影响。当你表达你的赞美时，那个人所有的抵抗很可能会一下子就消除了。通过表达赞美，你增强了他们的自尊心，让他们感到自己非常优秀,所以他们会喜欢你,更愿意与你合作。

随时随地表扬员工（Approval）

在所有增强员工自尊心,让他们感到自己更加重要的方法中,表扬——第五个"A"——是最强有力的方法之一。实际上,自尊在很大程度上等同于人们感觉自己是值得被表扬的。

无论什么时候,你表扬或认可他人时,你都会满足他们最深层次的一个情感需求。对他们付出的一切努力,取得的所有成就予以认可,并因此表扬他们,人们对他们自己就会特别满意,感觉自己非常重要,也很有价值。人们的自尊会得到提升,自我形象会得到改善。你对员工所做的事给予的表扬越多,他们很可能就会第一时间再去做那些可以让他们获得表扬的事情。

表扬值得鼓励的行为　要想发挥表扬的力量,我们必须了解的一件事就是,表扬一定是有意为之的,并且要有技巧,这样才能最大限度地发挥其影响力。例如,如果你想要某个人养成一种积极正面的行事习惯的话,那么在他们每次表现出这类行为时,你必须付出更多的努力注意那个行为,然后及时地给予表扬。

有些人经常在开会时迟到。不要因为迟到批评他们,在他们能够准时到达的时候,你应该表扬他们。"非常感谢你能准时来开会。你能来对我们而言真的非常重要。"

当你因为他人某个积极的行为经常表扬他们的时候,他们最终就会——正如弗洛伊德所说的"开始从痛苦走向快乐"——越来越多地投入这个积极的行为中,最后就彻底摒弃那个消极的行为了。

表扬要及时 当你因为员工做的某件事表扬他们时,一定要及时。只有你的表扬及时,作用才会最大化,才能够激励员工不停地去重复那个行为。如果一名员工工作得非常努力,按时完成了任务,但是你在几个星期后才因为他额外的付出表扬他的话,作用就大打折扣了。如果一个人工作得非常努力,直到晚上才完成工作,你最好在晚些时候打电话给他,对他能完成工作表示感谢,这对员工未来的行为表现将产生巨大的影响。

让表扬无处不在 很久以前,我和我的妻子出去吃晚饭,去了一家非常高档的饭店。接待我们的女招待员却是一个令人不悦的女人。正像经常发生的那样,她把我们领到了一张桌子前,就在厨房门口。我扫视了一下整个饭店——我经常这样做——发现有一张桌子,位置非常好,于是我请她带我们去那里。

她非常无礼地说:"那个位置不好。负责那张桌子的服务生是亨利,他是我们饭店最糟糕的一名服务生。"我们礼貌地向她说明,我们想要碰碰运气,我们觉得那个位置比较好,想坐在那里。她非常不情愿地把我们领到那里,我们坐下来后,她把菜单扔在桌子上,跺了跺脚就离开了。

当那名服务生来到桌前,问有什么可以帮忙的时候,我问道："你是亨利吗？"

"是的，我是。"他回答说。

"噢，我们真是太幸运了，"我说，"上个星期，我的一些朋友曾在这里吃晚饭，他们说你是这家饭店最棒的服务生。我们真的非常高兴由你来为我们服务"。

亨利非常吃惊，他说："谁？是谁说的？"

我告诉他，我一时想不起来他们的名字了，但是他们说得非常清楚，亨利是这个饭店最优秀的服务生。

回答下面这个问题你可能会感觉很棘手：后来那个晚上，你觉得我们会得到什么样的服务呢？毫无疑问，那次服务从各个方面来讲都非常完美。亨利非常高兴，态度积极，非常用心地为我们提供了服务，他自己也很享受。当我离开时，我顺便对那个女招待员说，亨利是我所见过的最好的服务生之一。听了我的话，她看起来就像刚刚吞了一只酸柠檬。

帮助员工树立形象　英国政治家及作家温斯顿·丘吉尔说过："如果你想要一个人证明他有某种美德，就要事先认定他有这种美德。"

如果你事先认可了一个人的潜在行为或表现，你就创建了一个正能量场，可以激励那个人把工作干得更好，不会让你失望。

在我儿子大卫还小的时候，他有点内向，不敢尝试任何新鲜事物，害怕失败。我很早就告诉他："我了解你。不要放弃。"从那以后我就经常和他说这句话："大卫，不要放弃。"

它起作用了。在接下来的几个星期里,他变得越来越果断,越来越坚定。一旦他开始做某件事,他就会坚持到底。放弃的想法对他来说已经非常陌生了。现在作为一个成年人,他非常勇敢,从来不会放弃任何事情。他对我说:"我了解我自己,我不会放弃的。"

表扬要公开 充分发挥表扬的威力的另一个方法就是,表扬要在其他人面前进行。如果你团队的成员工作很出色,把他带到你的上司或你能接触到的最高级别的领导面前,然后当面"夸夸他"。一定要确保你团队的成员能够听到你在上级面前对他的表扬,例如,虽然他负责的工作非常棘手,操作起来非常复杂,但他完成得极其出色。诸如此类。把这当作一件重要的事情来做。让你的员工因为你的表扬感到愉快。这段经历,他们很长时间都不会忘记的。

另外一个公开表扬的方法就是,在员工大会上表扬。在你开始制订一项会议日程前找出一个或更多的人,在大会上表扬他或他们,表扬他或他们自从上次会议以后杰出的工作表现。尽可能详细地逐条记下他们所做的事情,然后解释他们是怎么做的,强调他们所做的工作的重要性,并指出他们所取得的成果。然后,带领大家为这些做出卓越贡献的人鼓掌庆祝。

当你在人前表扬员工时,不管是在一个人面前还是许多人面前,被表扬的人都会久久不能忘怀,有的人甚至会在若干年后还记得。不止如此,他们也会努力重复他们的表现,以期将来得到更多的表扬。通过经常性的表扬,你提升了员工的自尊，同时，你也因此让他们觉得自己非常了不起，激励了他们向着更高的水平努力。

倾听员工，关注员工（Attention）

在让员工感觉幸福的所有方法中，也许最有威力的是，在他们和你谈话时用心倾听。一定要学会用心倾听别人的谈话这项技能并不断地练习，直到这成为你的一种习惯。工作中，经常这样做可以改善你和员工的关系，在家里也是如此。这个方法的作用比其他任何单一的方法都强大许多。在增强自尊的行为中，"关注"是第六个"A"，也是最后一个。

关注是一项基本的管理技能。你总是倾听那些你认为重要的人的讲话。当你的上司和你谈话时，你会认真倾听；当你尊重、仰慕的人和你说话时，你也会仔细倾听。这个人越重要，你听得也就越用心，甚至会注意到每个词，那个人所说的话对你的影响力也就越大。

另外，你总是忽视那些你不尊重的人。从另一个角度来讲，当你忽视某些人，对他们不尊重时，在他们自己眼里及他们周围的人眼里，他们也同样不重要，可有可无。

让员工说下去　管理者经常犯的一个很大的错误就是，他们总是主导整个谈话过程。他们说得太多了。他们经常打断员工的发言，然后自己说下去。他们不在意员工说了什么，只想阐述自己的观点。他们无视甚至拒绝考虑其他人的想法，因为他们握有控制权，他们有权力这样做。

但是如果在他人讲话时，你每次都不注意听，无视他们，你就会让他们觉得自己不重要，不值得被关注。如果你在其他人面前这样对待一个人，那就是在向其他人暗示，正在发言的这个人一点也不重要。不仅如此，这些人也会开始认为，自己也不是特别重要。你一开始就营造了一种逐级下降、越来越消极的氛围，这必然会导致员工在工作时感受不到快乐，他们会心生不满。

当我召开员工会议时，每个人都属于会议议程的一部分。按照名单顺序，每个人都要报告自己现在在做的工作的最新进展、面临的问题及接下来要做什么。

关于倾听的觉醒　我年轻时，在担任管理职位时，我把员工会议当作一个自我展示得很好的机会，总是提出自认为非常棒的想法、观点、意见和建议，不让其他人有发言的机会。慢慢地，在开会时，大家都一言不发，保持沉默。在叫到他们时，万不得已的情况下，他们会说上一两个字，在会议结束时默默地离开会议室。

后来，我渐渐明白了，我是一个不称职的管理者。不仅如此，我正在浪费我的团队成员的时间，打消他们工作的积极性。我决定要彻底改变自己，开会时不再打断员工的发言。我开始少说话，更加关注员工在说什么，当他们发言时，认真倾听他们说话。

现在，不管什么时候，只要有人在发言，我都会放下手中的事务，身体前倾，认真、专注地倾听正在发言的人说的话。

我会点头、微笑并鼓励员工继续表达他们自己的观点。倾听时，我还经常记笔记，然后提一些问题，让他们进一步解释他们刚刚发言的内容。当人们提到他们完成的某项工作时，我总会称赞他们，并在其他员工面前表扬他们。

这样认真、专注倾听每一个人发言的结果就是，每个人都积极寻找机会发言，和其他人一起分享他们的想法和主意。他们都有一种"迫不及待"的感觉。每次员工会议结束时，每个人都很高兴，充满干劲。他们所有人都满面笑容，一边笑着，一边和其他人讨论着。他们浑身充满了能量，都想尽快回去工作。

在员工会议上，每一名采取了这种开会方式的管理人员都很吃惊地发现，他们团队成员的工作积极性和职业道德都得到了提升。而这一切的实现，只需要你做出一个决定：在会上不要自己一个人夸夸其谈，相反，给员工更多机会说出他们的心声，在他们发言时，集中精力倾听他们的意见。

有效倾听的4个关键点

实现有效倾听，有4个关键点。这4个关键点历史悠久，流传至今，从未改变过。不管你阅读多少研究有效倾听的书籍或文章，归根结底，也就只有以下这4种技巧可以实现有效倾听。

聚精会神地听 听的时候，不要随意打断他人。身体微微前倾，看着说话人的脸，点头、微笑，充满热情。当你点头和微笑时，你就是在鼓励发言者继续说下去，进一步扩展他正在说的话。

你聚精会神地倾听对于帮助员工增强自尊作用巨大。当一个人的发言被其他人认真、仔细倾听时，尤其是被一些重要的人倾听时，他的皮肤电反应（galvanic skin response）就会增强——也许会脸红，也许会出汗——他们的自尊心也会增强，大脑内会释放内啡肽，会觉得自己非常快乐，感觉自己很重要。他们的自我形象也会因此得到提升，从而感觉自己更有价值。

一开始，需要强大的自控力才能让自己专心听别人发言，不打断正在发言的人。但是随着时间的推移，当你发现专心倾听带来的积极效果时，你就会经常这样做。

回答前稍作停顿　古语说得好："绝大多数交谈就是等待。"在绝大多数情况下，你认为正在全神贯注地倾听的人实际上什么也没听。他们正在准备他们自己的发言内容。为了在轮到他们发言时，能够很快就进入状态，他们一心扑在自己的演讲稿上，所以根本不知道其他人说了什么。你想要改变现在这种习惯，那就要养成另一个习惯，在回复前停顿三五秒钟。在这三五秒的停顿里（如果有需要，时间可稍微延长），你会得到三个好处。

- 如果发言者只是在重新组织思路，然后继续发言，你就避免了打断发言者的危险。

- 你让发言者明白,你正在认真思考他刚刚说的话。这表明你非常重视他的发言,进一步来说,也就是你很重视这个人,这个人的想法和发言。
- 当你停顿时,你可以进一步听听其他人的意见。在理解听到的信息,稍作停顿的几秒内,你就可以得到更多有实用价值的信息。就像彼得·德鲁克所说的:"谈话中最重要的,不是那些正在说的内容,而是那些没有被说出的内容。"

通过提问,要求对方给出详尽解释 不要急于表达你的观点和态度,停顿一下,深呼吸,然后问一个问题,例如:"你是什么意思?"或者"你真正想要表达的是什么?"

记住,提问题的人才有控制力。花几秒的时间提一个问题鼓励员工详细阐述他的观点,你就是在控制整个谈话。当你问问题时,你也得到了再一次倾听的机会,听的时候要更认真。通过问问题,你也有机会进一步帮助员工增强自尊,让他们再一次感受到自己的重要性。

最重要的是下面这条原则,一定要记住:倾听建立信任。你听得越仔细,越认真,他们就越相信你,越容易受到你的影响,被你说服。命令并不受欢迎。

你问的问题越多,你听他们回答时越专注,发言的人就越喜欢你,信任你,越容易接受你。另外,如果你总是滔滔不绝，没完没了，总是打断别人的发言，急于表达自己的看法，那么就很容易惹怒其他人，让他们感到失望，而你给出的任何建议他们都不愿意接受。

用你自己的语言给出反馈　这是倾听时真正严峻的考验。当你能够简明扼要地用自己的话总结出发言人所说的内容并反馈给他时，你就是在告诉这位发言人，你是真正在听他们的讲话。

当听其他人发言时，绝大多数人会点头、微笑，就像汽车后面放着的玩具狗一样，但更重要的是，你能对他所说的内容进行深入的思考，并给予反馈。然后，当这个人说"我的意思就是这样"时，说明那个人知道你认真听他发言了。

一定要多注意你的言辞

好消息是，本章所阐述的每一项内容都是你可以经常练习的行为。而存在的唯一问题是：你需要多长时间才能和你的员工有一次这样的练习机会呢？

如果先建立一个评估标准，从1到10共10个等级，然后给每一次增强自尊的行为进行打分，那么你从一开始就有了一个参考基准。不管你自己的定位是多么的低，都可能是一个最佳的起点。

不管在哪一方面，你都没必要彻底改变你的行为。只需要下定决心，在接下来的几天或几周里，在某一个行为上提高1

到2个级别即可。认真回顾这些建议，想象一下，如果你现在在某一领域功成名就了，你会如何对待你的员工呢？

当你为自己描绘出一幅清晰的记忆图像，如果图像显示，你总是微笑待人，对人心怀感激，非常受欢迎，尊重别人，愿意表扬他人，当他人说话时注意倾听，你就在自己的潜意识中，预编了一套你和团队中的每名员工进行交往的行为程序。

你已经知道了80/20法则。这条法则是说，你所做的事情产生的80%的成果源于你所做的20%的工作。在和团队一起工作时，那些可以给员工带来80%的影响力的行为，在你的所有行为中只占20%的比重，其中就包括了可以"让他们感觉自己非常重要"的方法。

当你让你团队中的每一个人都感觉自己很重要时，在成为一名优秀中层管理者的道路上，你就迈出了巨大的一步，而且你对如何激励员工发挥最大效能也越来越驾轻就熟了。

行动练习

1. 从今天起，下定决心在工作中不再批评、抱怨和谴责别人。

2. 下次不管出现什么问题，立刻把精力集中于未来，寻找解决办法，或者找出改善目前状况的方法，不要紧盯着"谁干了什么"。

3. 当你每天来到办公室时，在开始一天的工作前，养成一个习惯：先在办公室里四处转转，对每一个人微笑。

4. 养成感谢员工的习惯，对他们所做的每一件事表示感谢，不论大小。

5. 在每一个场合，就员工取得的成绩感谢他们，可以当面表扬，也可以通过发电子邮件或打电话的方式。

6. 赞美员工的外表及他们取得的成就。要经常赞美员工。

7. 员工说话时认真倾听。放下你正在做的事情，关掉手机，把文件放一边，这个时候就只关注他们说的内容。

FULL ENGAGEMENT

Inspire, Motivate, and Bring Out the Best in Your People

第五章

消除阻碍员工取得成就的恐惧感

在我们身后的及在我们前方的,比起存在于我们内心深处的,都是微不足道的小事。

拉尔夫·瓦尔多·爱默生
(Ralph Waldo Emerson,美国作家)

在人生的各个领域，获得成功和幸福，创造卓越业绩和提高效率的最大障碍就是各种各样的恐惧。

恐惧从来都是人类最大的敌人。恐惧比其他因素都更容易让一位名人身败名裂。恐惧比起其他表面因素，更容易给一段男女关系带来伤害。恐惧比任何单一因素都更容易让人身心都患上疾病。要想成为一个身心功能健全、幸福快乐和勇于实现自我的人，关键是要把恐惧最小化，乃至消除恐惧。

美国管理大师W. 爱德华兹·戴明（W. Edwards Deming）给出的最重要的一条建议就是："消除恐惧。"在20世纪60年代和20世纪70年代，他对日本的质量控制原则进行了彻底的改革。根据他的结论，一个没有任何恐惧感的工作环境会创造一种氛围，这种氛围能够激发革新力量和创造力，能鼓励自发行为，激发更旺盛的精力及更高的生产效率。如果在一个工作场合，大家都不害怕尝试新事物，大家就会投注更多的精力在工作上，工作也会越干越出色。

最佳的工作场所不存在恐惧感

是什么让一个地方成为最佳的工作场所？最新研究显示，也许最重要的因素是信任。"我知道我在工作中会犯错误，但不会被批评，也不会被解雇。"当你能够说出这样的话时，就是有了信任。

当员工为了更高效地完成工作，提高产品质量和改善客户服务，可以自由尝试新的事物时，他们就会贡献出自己所有的时间、精力和热情，竭尽所能地把工作完成得更出色。

你应该记得，美国心理学家亚伯拉罕·马斯洛把自重归为了"存在需求"。这种需求要求人们必须充分发挥他们的个人潜能，真正展现自己的能力，实现自己的理想。一旦你消除了恐惧，你就能充分发挥你的潜能，成为最有效率的员工了。

弗雷德里克·赫茨伯格在讨论X理论和Y理论时，提出了保健因素，包括高薪、良好的工作条件和工作保障。他还提出了激励因素，包括工作兴趣、令人愉快的同事，以及一个能让员工获得鼓舞和奖励的工作环境。换句话说，如果在一个工作场所，员工没有恐惧感，可以充分展现自己的才能，也不用怕被批评和责难，那么，作为领导者就可以极大地调动他们的积极性，发挥他们最大的效能。

人人都有恐惧感

实际上，每个人在很多方面都会感到恐惧。各种各样的恐惧——不管大小，不管是意识到的还是意识不到的——存在于各种活动和表现中并具有破坏力。人的大脑中一旦闪现恐惧——根据马斯洛的观点，这是源于安全需求——他就会立刻考虑把带来恐惧的情况最小化，或者尽力避免造成恐惧的情况发生，而不会想着创造最大的业绩和提高生产效率了。

西格蒙德·弗洛伊德的多数研究都是以他所谓的"快乐法则"为基础的。弗洛伊德认为，几乎我们做的每一件事都是在寻找快乐，避免痛苦。我们不停地远离那些会让我们感到悲伤和恐惧的事情，总是去靠近那些会带给我们更多快乐，让自己感觉更好的事情。换句话说，我们总是在趋利避害。

消除顾客的不满足感

在商业中，经济发展和效益增长很大程度上取决于公司销售产品或服务的能力，在一个竞争激烈的市场中，则取决于把产品或服务推销给心中充满疑虑的顾客的能力。经济上的发展程度和公司让顾客购买产品或服务的能力是成正比的。

为什么一个人会购买产品或服务？因为通过购买行为，可以让这个人从不满足状态走向满足状态。经济学家把这称之为"感觉不满足"状态。在买任何东西之前，这个人一定是对当前处境感觉不满意。潜在的客户必须明白购买你的产品或服务会消除这种不满的感觉，然后进入一种比较满足的状态。只有到了那个时候，购买的行为才会产生。

在一个竞争激烈的市场中，我们不要尝试创造需求。我们应该想方设法确定那些现在既有的需求，锁定感觉不满足的客户，然后向他们展示，我们的产品或服务将会满足他们的需求，消除不满足感。因为竞争激烈，我们这时必须说服那些潜在客户，在整个市场上的可以消除他们不满足感的无数个选择中，就各方面而言，我们的产品或服务是他们最好的选择。

消除妨碍员工前进的恐惧感

在工作中，要想充分发挥员工的潜能，管理者最重要的一项职责就是消除工作场合中存在的各种恐惧。要想完成这个任务，你必须明白这些恐惧因何而起；从婴儿时期起，这些恐惧是如何影响你的；你能够做些什么，把你和他人的恐惧最小化。

你可以从下面4个问题着手制订战略性的个人计划和目标。

- 我们现在在哪里？
- 我们怎么来到这里的？
- 将来我们想要去哪里？

- 我们怎么到那里？

本章接下来的内容就是关于第2个问题的：我们怎么来这里的？我们将会集中讨论我们所了解到的恐惧来源，以及如何把我们所知道的应用于管理和商业领域。

相信恐惧等于赋予恐惧力量

18世纪的英国哲学家大卫·休谟（Pavid Hume）提出，人们出生的时候就像一张"白板"。也就是说，就他们后来的成年时代来讲，刚来到这个世界的人就像一张空白的写字板。虽然每个孩子生来遗传有天赋、能力、兴趣、学问和个人潜能，但就一个整体的人来讲，每个婴儿都处于一片空白的状态。

当小孩出生时，除了害怕摔落和大的声音外，他们根本不会有任何恐惧感。作为一个成年人，你感到的各种形式的恐惧都是在你过去的成长过程中学来的。恐惧只能是学来的。恐惧不是天生的，也不会遗传。恐惧源于你对你自己和你周围的世界的想法与感觉。恐惧仅有的力量是你赋予它的，因为你相信它的存在。

向孩童学习无所畏惧

小孩一出生就有两个卓越的品质。第一个是，他们什么也不怕（除了上面提到的两种恐惧：摔落和大的声音）。小孩子会触碰、品尝、抚摸任何能够得到的东西；小孩子会在马路上乱跑，爬梯子，拿刀，跳进游泳池。小孩子在小的时候，难免会做一些诸如此类会威胁生命和健康的事情。小孩子什么都不怕。孩子还不明白他们做的某些事情可能会伤害到自己，还不了解有些行为会危及生命。从孩子经常说的话中明显可以看出他们的态度："我可以！我能做任何事情！"

绝大多数父母在一开始的几年里都会时刻注意孩子，防止他们用各种千奇百怪的方法伤害自己甚至危及生命。每天，你都能读到这样的故事：一位爸爸或妈妈，仅仅几分钟甚至几秒钟没有注意到自己的孩子，这个孩子就跑到了车流密集的马路上，或者掉进游泳池里淹死了。这也就是为什么在绝大多数情况下，在孩子成长过程中，不能允许他们一个人待着的原因。孩子犯的一个天真的错误，所带来的毁灭性的结果往往都是无法想象的。

孩子具有的第二个卓越品质是，他们做事都是无意识的。他们根本不会压抑自己，做事没有任何保留。他们大哭、大笑，任何时候都可以尿湿尿布，乱扔食物，做任何想做的事情，说任何想说的话，不管什么时候，不管什么事情，只要他们想，就可以随心所欲地做出来。

每对父母都有过这样的记忆，孩子坐在高高的椅子上到处扔食物，然后高兴地大笑。在孩子的童年时期，父母都会花大量的时间跟在孩子后面收拾他们造成的混乱。孩子的态度通常是:"我不需要!我什么也不需要做!"

每个人都在规避不安与恐惧

偶尔也会有身心功能健全的成年人无所畏惧,凭本能行事。实际上,在我们的整个人生中,我们不断地在环境中规避不安和恐惧,追求快乐、轻松和舒适。

对成年人来说,人生最快乐的时光就是和家人朋友在一起,这时你会感觉非常放松,可以说和做任何你想的事情,因为你知道你周围的每一个人都会无条件地爱你、尊重你。你不怕犯错误,也不怕做错事。你只要做你自己,无须害怕有人会站出来评判、批评、指责和否定你的行为。

父母总是试图掌控一切

为了减少孩子毫无节制的行为导致的麻烦,在孩子小的时候,父母总是努力控制他们的孩子。父母很忙,工作、社交、照顾家庭和其他一些活动填满了他们的时间。他们通常会下意识地认为,让他们的生活变简单的最快捷的方法就是让孩子"守规矩"。

我的父母成长于20世纪30年代和40年代,那时流行的绝大多数育儿书籍都认为,父母的职责就是"粉碎孩子的意愿"。这个建议导致的结果就是:"孩子必须待在家长看得见的地方,但没人理睬他们。""按照我说的做,不要学我。"从这个观点来看，孩子在小时候就像家里的一种宠物，例如狗或猫。他们被监视，被管理并被训练做一些正确的动作，不要给父母惹麻烦，让父母高兴，父母就像他们的主人。今天许多父母仍然像对待猫或狗一样对待自己的孩子。他们回到家，聊一会儿天，然后就整晚看电视，而他们的孩子则在房子里四处游荡。

父母会像他们的父母一样

如果父母不去有意识地做出改变，那么他们就会采取和他们的父母一样的方法对待他们的孩子。在他们小时候，父母是如何对待他们的，他们就会照搬过来。如果他们的父母是那种消极的人，经常批评指责他们，他们也会非常消极，经常责骂他们自己的孩子。因为他们没有任何其他的参考模式，在他们看来，这样对待孩子的方法是非常正常的，也很自然。那是他们的经验，也是他们仅知道的一切。

为了阻止孩子做任何他们想做的事情，父母往往对孩子说的第一个字就是"不"。

他们说："不，不要做那个。离开这里。""不要碰那个。"这样的警告通常伴随着愤怒的吼声，偶尔还会伴有体罚的威胁，有的时候这种体罚不仅仅是威胁，有的孩子还会切身体会到。对于这种训斥，父母给出的理由是："因为他们是孩子。"在父母看来，通常想都不用想，警告孩子或者冲着孩子大声吼叫不可能给孩子带来任何的伤害，他们以为这是在帮助孩子明白事理，对他们将来有好处。

孩子的情绪反应

孩子在小的时候，100%都是情绪化的。他们不理解什么是对的，什么是错的；不会区分善恶，不知道什么是危险的，什么是安全的。他们需要爱，就像玫瑰需要雨水。他们最大的需求就是安全感，以及来自父母无条件的爱。当父母生气、愤怒并大声冲他们嚷嚷"不""停下"时，孩子会在心中默默认定一件事："每次我触碰或尝试新奇的或不同的东西时，妈妈或爸爸都会冲我发火。那一定是因为我太小了，太没用了，太糟糕了，什么事情都做不好。"

从儿童时期开始，如果一个孩子总是听到父母对他说"不"或"不要做那个"，那么这个孩子就会感觉不满足，不敢尝试任何新奇事物或与众不同的事物。孩子在内心深处很快就会认定："我不行！我不行！我不行！"

第一大恐惧：害怕失败

如果来自父母的失望非常明显且持续表现出来的话，孩子很快就会变得害怕失败，到了成年时，这种恐惧就会成为获得成功、取得成就及过上幸福生活的一个最大阻碍。心理学家把害怕失败的恐惧称为"压抑的消极习惯模式"（inhibitive negative habit pattern）。这是一种不满足、认为自己没有能力的感觉。

更严重一点的情况是，不管什么时候，当这样一个成年人被期望去做一些不熟悉的或没干过的事情时,他就会表现得像一只闯到车灯前的小鹿,惶恐不安。他不会考虑新环境中存在的机遇或可能性,相反他立刻想到的是失败的可能性,以及周围人对他失望的反应。

在成年人的生活中,害怕不能胜任的恐惧会对人们尝试新事物造成巨大的障碍。"要是不行怎么办?""如果我试了,以后失败了怎么办?""如果我试了,他们还是对我生气,批评我,不喜欢我,怎么办?"这样,你的安全感就被破坏了。

这种压抑的消极习惯模式也让身体的内脏器官产生了反应。例如,害怕失败、犯错误让身体产生的第一个反应通常发生在心窝处,也就是人胃部的神经中枢处。紧接着心脏跳动开始加速,嗓子发干。在你非常恐惧时,你的膀胱也会跟着紧张,你会频繁地想去卫生间。通常情况下,当人们感到恐惧的时候,会出现头疼和胃疼。正是尝试新的和不同的事物的想法——不管哪种,都存在着失败的可能——影响了人们的身体,让人精神恍惚,晚上睡不好觉,有时甚至会给人带来身体上的疾病。

消除对失败的恐惧

你可以用一个积极的想法取代一个消极的想法,从而消除它。也许消除对失败的恐惧及"我不行,我不行"这种感觉的最强有力的方法,就是说另外一些话,比如:"我能行!只要我下定决心,我就能做任何事情。"

当你一遍又一遍地重复"我能行"时,慢慢地,你就不会再害怕失败了,自信心也增强了。当你一遍又一遍地重复这些充满魔力的话语时,你就是在消除那些源于你童年时代的消极信息。你就开始成为一个完全不同的人。你自己崭新的性格品质也就开始形成了。

因为他们自己的恐惧,我的父母总是告诉我:我什么也做不了,我会弄丢钱,会浪费时间,或者在其他方面失败。他们把自己内心深处对失败的恐惧及不安全感传给了我。我现在仍在努力彻底消除这些恐惧。

我和芭芭拉一共有4个孩子,我们决定要做出改变。不管我们的孩子打算做什么新奇而独特的事情,我们都会对他们说:"你能行。只要你下定决心,你就能做任何事情。"结果就是,我们的孩子在成长过程中一直非常自信,他们坚信,只要他们真心想做,他们就一定会成功。他们几乎从来不会害怕失败。

中和恐惧概念

作为一名中层管理者,你最重要的一个职责就是在你的员工队伍中,中和对失败的恐惧,也就是中和压抑的消极习惯模式。你可以告诉员工出现错误不都是坏事。当你布置一项任务时,你要鼓励员工发挥他们最大的潜能,然后,你要清楚地表明,如果无法完成这项任务,可以把它看作一次学习的机会,以后继续努力。

成功的管理者从来不会谈及他们的失败经历，这一点非常有趣。在他们看来，根本不存在失败。相反，他们使用像"学习经历""有趣的反馈"或"没有达到最佳成果"等的表达。他们从来不会用"失败"这个词。在他们看来，没有失败一说，有的只是教训。你所尝试的绝大多数事情一开始都不起作用，有时尝试了好几次都不行。杰出的管理者会把失败看作商业活动中不可缺少的一部分。

把失败看作学习经历

如果我公司里的某个人在进行某项工作时犯了一个错误，失职了或者让公司损失了钱财（几乎所有的工作都需要投资），我首先会鼓励那个人对自己说："我尽力了。"一旦人们接受了他们已经为所发生的事情尽心尽力的说法，他们就没有必要千方百计找借口为自己辩护了。一旦你承认他尽责了，已经产生的问题就变得不再重要了。

我要做的第二件事就是提出这样一个问题："从这件事中，你学到了什么？"然后我们一起讨论这个问题或错误，就好像这是其他公司里的人犯的错误一样。在分析时，我们会尽力保持一个中立和客观的立场。我们从各个角度进行分析，看看我们能从这个错误中学到什么，以防我们在将来犯同样的错误，同时也可以让我们在将来变得更加明智，把工作干得更好。

聚焦未来

在一个人犯错误的时候，最好的消除恐惧的办法就是使用一些诸如"下次""以后""从现在起"等超越现状的语言。例如，你可以这样说："以后，如果有同样的事情发生，为什么我们不这样做呢？"或者说："下次再出现这种情况，我们可以这样做，就一定不会再犯同样的错误了。"又或者说："从现在起，无论什么时候我们再遇到这种情况，为什么不这样做呢？那样一定会把风险降到最低，把机会最大化。"

好消息是，不管你什么时候使用这些表达，你都不是在批评指责员工，你让大家把焦点都放在了未来。当你因为过去已经发生的事情批评员工时，不仅于事无补，反而会让他们非常生气，充满了防御性，同时他们也会感到恐惧。他们会变得非常消极、胆怯。他们会决定以后再也不迎接挑战，决定以后只做没有风险的事情，不会再去冒险和尝试新事物。如果员工因为做错事而被批评这件事传遍整个公司，那么公司的每一名员工立刻就会知道："如果想继续干下去，就要随大溜。"他们便不会再尝试任何新鲜事物了。

赞美错误

要想消除对失败的恐惧，你能够做的最棒的一件事就是"赞美错误"。如果某位员工在一个任务上投入了很多时间和金钱，但还是犯了一个错误，你要积极和那位员工进行讨论，提出有建设性的建议，在下次员工会议上把这个错误提出来，当着每一位员工的面,指出所发生的错误是如何得到解决的,以及这个错误造成的损失。然后,带领所有人为那个犯了错误的员工鼓掌。

你要把错误变成对那位员工的另一种赞美,因为他敢于第一个尝试新事物。向每一位员工说明,犯错误就像呼吸一样,是非常自然的事情。每个人都会犯错误。最重要的是我们要从错误中吸取教训,只有这样,我们在将来才能充分利用所学到的东西。你的这种反应和行为作用巨大,能够帮助员工消除恐惧,成为高效率的人。

第二大恐惧:害怕被批评或被拒绝

在孩提时代形成的第二个主要的恐惧,就是对被批评的恐惧,或者是对被拒绝的恐惧。心理学家把这称为"强迫性的消极习惯模式"(compulsive negative habit pattern)。为了控制孩子不由自主的行为,父母用收回他们的爱意和对孩子的赞美的方式惩罚孩子,这个时候,孩子就产生了这种恐惧。一位心理学家曾说过:"成年时的所有问题都能追溯到'不被爱'的童年时代。"

孩子需要爱,就像他们需要氧气一样。弱小的婴儿最需要的就是安全感。安全感最主要的来源就是父母的爱和赞美。如果孩子因为某种原因很长一段时间都感受不到这种爱和赞美,这个孩子就会感到害怕,变得焦虑不安。

最早的经历

我和芭芭拉一共有4个孩子，我们读了30多本关于如何养育孩子的书，彻底了解了孩子在幼年时代的一些特定行为及其成因，这让我们受益终生。我们了解的最重要的一件事就是，当孩子在半夜大哭的时候，可能是因为他们饿了或尿床了。但是在很多情况下，他们大哭实际上是想看看，在这个全新的世界里，他们是否安全。

从他们大哭开始，直到父母出现并安慰他们，给他们安全感为止，这段时间就是他们能获得多大安全感的一个指示器。如果孩子哭了很长时间，都没有人来照顾他，他就会感到恐惧，没有安全感。恐惧和没有安全感就进入了他们的潜意识里，在多年后，当他们长大成人时，这种恐惧和不安全感就会表现出来。这就是为什么在孩子小的时候，你一定要给他足够的爱、安慰、安全感、支持和赞美的原因。

根据守旧派的观点，有这样的说法："让孩子哭，这会让他坚强。"但是我们已经发现，在晚上，如果不管孩子，让孩子一个人哭，这样的孩子长大后就会胆小，犹豫不决，没有安全感，容易害羞，渴望得到他人的认可。在孩子还小时，如果他们的直接需求得到满足，他们长大后就会更有安全感，更自信并愿意冒险，因为他们不害怕失去生命中最重要的人的支持和认可。

操纵和控制

在孩子的成长过程中,在父母看来,他们的很多行为都会带来不便,造成混乱。因为父母和每一个人一样,想寻找阻力最小的途径来减少麻烦。他们发现,操纵和控制自己的孩子的最有效的办法就是严厉地对待他们,不管他们做什么,只要给父母带来不便,一概不予支持,坚决否定。如果某些人非常看重和仰赖你的爱与支持,那么控制他的最好办法就是撤回你的爱与支持。这已然成为一种工具。为了让别人顺从你,你就谨慎地付出你的爱,利用快速地收回你的爱与支持作为手段来操纵其他人(这里指孩子)。这种行为是成年后产生的许多问题的潜在根源。

父母撤回或抑制他们的爱和赞美,其结果就是让他们的孩子在潜意识里感到非常恐惧。很快孩子就会开始思考:"我只有做父母想让我做的、同意我做的,以及让他们感到高兴的事情时——不管在那一刻会产生什么结果——他们才会爱我,我才能感到安全和有保障。"于是,孩子就会在潜意识里决定要一直满足父母的需求,做父母在那一刻让他做的事情。他们也就会开始说:"我不得不做。我不得不做。我必须让别人满意。"

过于看重他人的看法

这种强迫性的消极习惯模式会让孩子在幼年时期、青年时期直至最后的成年时期,都非常在意别人的看法。在孩子的成长过程中,一直不敢做或说父母不同意的事情,在学校里,他们也就不敢违背同龄人的意见,不敢做同龄人不同意的事情。这就是为什么青少年会信服同龄人的观点,在穿衣、说话与行为方式上都和其他同龄人差不多。他们这样做的目的是试图获得他们无法从父母那里获得的无条件地接受和认可。

在孩子的各个年龄段,你对孩子来说最大的作用就是,成为他们获得爱和赞美的源泉。如果一个孩子知道,不管他犯了什么错误,他的父母都会无条件地爱他,在以后的生活中,他就会合理安排自己的生活,让自己成为一个父母会大力赞美和支持的人,做他认为会让父母骄傲的事情。

极具破坏性的愧疚感

当父母给了孩子爱,但又为了操纵孩子的行为收回了他们对孩子的爱时,不知不觉间就会让孩子产生一种极具破坏性的消极情感,那就是愧疚感。如果孩子做了任何让父母不满意的事情,他就会特别愧疚。

如果与愧疚和害怕被批评紧密相连的表达是:"我不得不,我必须这么做。"那么就应该用下面的话语消除它:"我没有必要做。我没有必要做。我不必做任何我不想做的事情。"

我和芭芭拉成长的家庭就被我们称之为"消极信仰"(negative religion)的东西控制着,愧疚感及让他人感到愧疚是教育的主要组成部分。当我们有了自己的孩子时,我们下定决心要消除这种愧疚感。我们从不会利用它，绝对不会将其用在我们的孩子身上，从来不让孩子感受到他们"不得不"做某些事情来赢得我们无条件的爱与支持。

在他们小的时候，除了有关人身安全的事情，我们从来不会命令或要求我们的孩子做什么或者不做什么。我们总是告诉他们，他们可以自主做出他们的决定。我们会一直陪着他们，如果他们需要的话，我们给他们意见；不管他们的决定是什么，我们都会给予100%的支持。

最令人惊奇的是，在给予他们足够的自由后，他们几乎总是能为自己做出正确的选择，即使他们做的决定不正确，他们也能很快就矫正过来。最棒的是，他们长大后，都成了积极、幸福和自信的人，在他们的人生中，从来没有遭到毁灭性批评和充满愧疚的经历。

树立良好的榜样

有趣的是，你不必长篇大论地训斥你的孩子，什么该做，什么不该做。只需要为他们树立一个榜样，一个行为楷模，你就可以帮助他们认识到，赢得全身心喜爱他们的人的认可，也就是他们的父母的认同，比让他们的同伴满意要重要得多。他们会开始模仿和复制你的行为。

根据亚伯拉罕·马斯洛的定义，自我实现了的人可以很敏感地感知到他人的观点，但不会过度关注。作为一种礼貌和友好的表达形式，自我实现的人对他人的看法和感受会认真思考，但不会为了赢得他人的认可和称赞而做出决定。如果其他人对他们的作为或不作为都表示认同，那很好。如果其他人不赞同他们的行为，那很遗憾，在他们看来，这没有什么了不得的。他们依然会走自己的路。

如果你的孩子从小就有很强的自尊心并且很自信，他们会非常尊重他人的意见，但不会过度关注，也不会被其他人的言行所影响。

创建积极、自由的工作环境

在工作中，作为一名中层管理者，你能做得最好的事情就是，营造一个舒适的工作氛围。在这里，员工可以自由地讨论，公开、清晰地表达他们的观点，不用害怕你会针对他们，也不用担心你会因为愤怒和不喜欢而威胁到他们的工作安全。

好消息是，在一个积极、充满活力的工作环境中，公开、自发和自由地交换彼此的观点会充分挖掘每名员工的最大潜能。这样做会激励革新和创造，提高人们的决策能力，把人们的精力集中在解决办法上，而不是揪着问题不放；这样做会创造一种积极向上的氛围，让员工从工作中获得享受，发挥他们最大的效能。

集中精力于解决而非批评

对你来说，消除恐惧和鼓励自由的最好方法，就是不再试图证明某个人不好，或者他应该为发生的问题负责任。如果你总是一遇事就批评人并追究责任，人们就会非常害怕尝试新事物，甚至会向你提供虚假的信息。

实际上，整个商业世界就是一系列大大小小的问题。各式问题总是层出不穷，就像大海的波浪一样，一个接一个。作为一名中层管理者，你真正的职责是处理问题。从开始工作的那一分钟开始，一直到你下班的那一分钟为止，你主要的活动就是解决问题，克服障碍并作出决定。实际上，如果没有问题的存在，公司可能也就不需要你的服务了。

你把问题处理得越好——要一直把解决问题放在首位——那么你能够解决的问题就越重大。伴随着这些重大问题而来的就是承担更大的责任，获得更高的职位和更多的薪水。你越多地关注问题的解决办法，你能够想出来的办法也就越多，你就会变得更有创造性，你对你周围员工的影响就会更积极，更有建设性。由于你总是把注意力放在寻找解决办法上，你很快就会成为公司里最重要的员工之一，不管什么时候出现问题，大家都愿意找你。当你集中精力于寻找解决办法时，你就不会再没完没了地批评别人，你也就开始进步了。

不要把责任推给别人

当员工犯错误时，要以寻找解决办法为重点，集中精力修正错误，而不要把注意力放在是谁犯的错误，谁应该负责任上面。关注解决办法是成为优秀的中层管理者的标志。

我对军事历史非常感兴趣。美国内战时，在葛底斯堡战役中，第三天的进攻以失败告终，乔治·皮克特（George Pickett）将军的猛攻以惨败收场，最终导致了整个南方军战争的失败，这一天被认为是"南方联邦的最后的辉煌"。从那天起，南方军再也没有恢复到以前的实力，最终，罗伯特·E.李（Robert E. Lee）率领部队在阿波马托克斯向尤里西斯·S.格兰特（Ulysses S. Grant）将军投降。

在皮克特猛攻的最后，当溃不成军的伤残部队从战场上撤回来时，李将军骑马前去迎接撤回来的军队，并说："所有的一切都是我的错，我应为此负责。"

这是北美发生过的最大的一场战役，在战争中，士兵犯下的错误数不胜数。但是李将军从未批评过他的任何下属，不管他们犯了什么样的错误，他总是率先承担责任。时至今日，他仍然是美国历史上最伟大的将军之一。

现在让我们跳转到1944年6月6日。在这一天，爆发了人类历史上最大的登陆战，经历无数个小时的激战，同盟国成功登陆法国，最终迫使德国于1945年5月投降。

从诺曼底登陆中吸取教训

登陆法国后，艾森豪威尔（Eisenhower）将军作为盟军的最高统帅，给下属看了一份文件，是他早已经写好的向媒体展示的内容,以防一旦盟军登陆失败,他要应对媒体。具体内容是:"登陆失败。我们被击退。我们未能在法国成功登陆。此次失败是我一人的责任。"

多么伟大的两位领导者。面对重大失败和可能存在的失败,他们都给予了强有力的回应。在这两个事例中,两位伟大的将军都拒绝把失败的原因归结到自己下属的身上,因为他们是奉命行事。他们自己承担了所有的责任,把自己和他人的注意力都集中到了下一步的行动上。

非常有意思的是,艾森豪威尔在他两届美国总统任期结束后,和他的妻子贝丝搬离了华盛顿,此后他们一直生活在葛底斯堡战役发生地附近的一个农场里,100年以前,就是在这附近,罗伯特·E.李将军命令皮克特发动进攻,最后李将军承担了战败的全部责任。

承担所有责任

这是一个非常有趣的发现。在你的头脑中,一次可能只能有一个想法。替代法则指出,你可以用一个积极的想法取代一个消极的想法。你可以用一个代替另一个。不管你什么时候碰见了一个不好的情况,产生了一个问题,或者遇到任何形式的困难,你都可以在瞬间把消极的情况转变成积极的。

清除消极情绪最好也最有用的方法就是用"我负责任"这句话来代替你大脑中存在的消极想法。

勇于承担责任,与指责和愤怒不可能同时存在。二者只能选其一。如果在你的职责范围内出了问题，要记住"你责无旁贷"。你做主，你就要负责任。通过一遍又一遍对自己说"是我的责任"，你就可以从心理上掌控任何事情。

建立一支具有高度责任感的团队

一旦你可以为自己及自己的处境负责任，你也要鼓励其他人为他们自己的工作及其结果负责任。但这并不意味着你要放弃责任。如果是你给某名员工安排了一项工作，你依然要对最终结果负责任。是你做的主，是你在掌舵，你是领导者。你不能把问题都归咎到他人身上，更不能出了错就向别人发火，自己推卸责任。总是归罪于别人只会削弱你的领导力，让大家不再相信你，破坏自己的声誉。

用一种积极的方法鼓励你的同事勇于承担责任。用一种积极的方法鼓励你的孩子勇于承担责任。树立一个榜样。不管发生什么，经常提醒别人，你会负责（"是我的责任"），在你的公司里，不要推卸责任、相互指责。

让每个人都把精力放在寻找解决办法上，放在那些可以立即解决问题的行动或可以实现目标的行动上。为了创造美好的未来，让员工认真思考他们现在可以采取的行动。当每个人都勇于承担责任，都乐于集中精力寻找解决办法，努力思考未来时，你团队里的员工就会相处得更加和谐，他们的潜能也能得到最大限度地发挥。

消除潜在客户对交易的恐惧

害怕失败和被批评也是商场中生意失败的主要原因。人们不会购买某个产品或者服务的第一个原因就是"风险"的存在。潜在客户害怕自己无法享受到产品或服务所承诺的好处,或者与其他商家的产品和服务相比,不能获得更大的满足感或更多的好处。潜在客户担心自己在众多商品中挑选时做出错误的决定。

潜在客户也会担心其他人不同意他买某个东西。在销售中,人们害怕被拒绝和被否定的心理是一个重要的因素,它决定了人们是想买还是不想买一个产品或服务。

多年的销售工作中,我发现,有很多人在买东西前必须和其他人商量,不然就买不成东西,对此我一点都不感到吃惊。有些时候是要和很多人商量。通常情况下,潜在客户要得到他们的家人、朋友、同事的同意。他们总是会说:"我再想想。"然后他们就不停地想,一直想。

在今天的销售和营销的主要工作中,摆在首位的是你要让你的潜在客户相信,与其把钱花在其他地方,不如购买你的产品和服务。让客户相信一旦他们购买了,一定会得到更多的好处。然后,用实际行动给自己的承诺担保,例如通过保证书、担保人或其他担保形式,消除潜在客户购买产品和服务可能存在的顾虑。一定要让潜在客户相信,购买你的产品或服务是他们做出的最明智的选择。

最有效的广告形式就是名人推荐，通常可以战胜人们对被否定和被拒绝的恐惧。名人推荐，即非常著名的或受人尊敬的人高度评价某个产品或服务。他们的保证提高了潜在客户购买产品和服务的可能性，因为他们觉得那些喜欢广告中出现名人的客户，一定会支持或赞同自己的购买决定。

只有你从潜在客户的大脑和心中"消除恐惧"时，生意才能获得成功。当潜在客户在你的引导下不再害怕从你这里买东西时，销售自然很容易就发生了。所有成功的公司都充分利用这个办法为公司谋利，这似乎是所有的生意和业务成功的根源所在。

树立目标就能无所畏惧

在我们的研讨会上，我们经常会问听众这样一个问题："如果你知道你不会失败，你敢有一个什么样的伟大理想？"问这个问题的目的是让人们假想他们不害怕失败，不害怕被拒绝，不管他们想要什么，不论大小，都会成功。在那种情况下，你敢有一个什么样的伟大理想？

我们偶尔也会这样问："如果你在银行存有2 000万美元，在你的生活中，你可以选择做某件事或不再做某件事。你想改变什么？"

当人们听到这个问题时，他们想法的变化非常令人震惊。他们立刻开始考虑他们所有想要做的事，想要拥有什么东西及想要成为什么样的人。如果他们得到一定会成功的保证，然后让他们考虑自己想对生活做些什么的时候，他们会非常震惊于恐惧对他们的生活造成的影响。当问他们如果无所畏惧的话，他们想做什么，想拥有什么时，他们通常会发现自己的生活和未来可以完全变一个样。

我们每个人都在心中深深渴望着可以充分发挥我们的潜能，完成每一件我们力所能及的事情。当你感觉你的能力完全可以让你取得比今日更大的成就时，这种"潜在的沮丧感"就是产生消极情绪和使工作效率降低的主要原因。

另外，当我们感受到我们彻底解放了，几乎没有任何事情可以阻挡我们，只要我们努力，只要我们用心，我们就可以实现一切时，我们的自尊就会提升，自信也会随之增加，我们成功的可能性同样会大大增加。管理者的工作就是创造一个环境，让员工能够更多地拥有这样的时刻。

你最重要的工作就是消除恐惧

作为一名中层管理者，你最重要的工作就是缔造一个激发员工发挥最大效能的工作环境，消除恐惧。要做到这一点，你首要的工作是不要因任何事情批评任何人。弄清楚"发生的错误"。如果你的员工犯了一个错误，他们首先应该承担责任，然后找出一个解决办法，或者至少让你在随后可以采取行动，补救错误带来的损失。

每个人都知道，只是因为犯了一个错误或与老板意见不合，谁都不应该被批评和被惩罚，更不应该被解雇。实际上，评估工作场所能否激发高效能的最好的一个方法是，员工能否质疑老板的想法和决定。当员工有更多的机会发言，能清楚地表达自己的看法，不用害怕被批评时，他们的工作氛围就会变得更加积极。

第五章　消除阻碍员工取得成就的恐惧感

行动练习

1. 现在就下定决心，在你的言语中，去除那些带有破坏性的批评话语。连续21天不要说那些话，直到你能够养成一个新的且有建设性的习惯代替过去那个不好的习惯。

2. 不管什么时候，当你对某件事非常愤怒或失望的时候，立刻果断地并一遍又一遍地对自己说："这是我的责任。"直到消极情绪消失，它总有消失的一天。

3. 消除恐惧，不要害怕犯错误；清楚表明"失败是一种反馈"。唯一有必要做的事情是把损失降到最低，从错误中吸取教训。

4. 告诉员工："你能行！"对他们表达十足的信心，相信他们可以做好工作，创造佳绩。

5. 当员工违背你的意见行事时，不要不高兴，也不要谴责他们。相反，问他们一些问题，认真倾听他们的想法。

6. 为你的员工树立一个榜样。正如甘地说的："欲变世界，先变其身。"

7. 鼓励你的员工开放而真诚地各抒己见；让他们自由地表达其心中所想。

FULL

ENGAGEMENT

Inspire, Motivate,
and Bring Out the Best
in Your People

第六章

为员工创造胜利的感觉

珍爱你的幻想和梦想,它们是你的灵魂之子,是你最终成就的梦想蓝图。

拿破仑·希尔

(Napoleon Hill,成功学大师)

因为对增强自尊和提升自我效能的迫切期望，每个人都衷心希望自己表现出色，渴望获得成果，感受到自身的价值，给人留下深刻的印象。总之，几乎每个人都想成为一个"赢家"。当然，人们也想成为团队或公司中的一员，来满足他们的依赖需求。但是与此同时，他们更想通过在工作中亲自负责，创造成绩，最后得到承认，来满足他们自己的自立需求和独立需求。他们想要成为胜利队伍中的一员，但他们也想凭借自身实力成为胜利者。

让员工感觉自己是胜利者

一个人凭借什么能感受到自己是一个胜利者？很简单：凭借成功！只有当一个人真正获胜的时候，他才能享受"胜利的感觉"，获得胜利的满足感。作为一名中层管理者，你在组织工作时，就要利用这种方式，让员工在多数时候感觉自己是胜利者。

和胜利相对应的就是失败。当人们感觉没有取得进步，无法让上级满意，干不好工作，不被同事接受或尊重，或者他们的成绩得不到任何反馈时，他们会感觉自己是个失败者。不管是上述哪种情况，都会让员工失去工作的积极性和热情，无法充分发挥他们的潜能。

情感不会存在于真空中。人们总是能够感受到什么。人们要么像胜利者一样有积极的感觉，要么像失败者一样满怀消极情绪。你团队的成员总会体验到其中的一种感觉，不是这个就是那个。你的工作就是确保占主导地位的情感体验是关于成功的、胜利的和做出了有价值的贡献的。

如果一个人想要成为一位胜利者，他必须第一个冲过终点线。聪明的管理者总是会为每名员工和各个工作团队设定无数条终点线，他们所设置的终极目标总会让一些人脱颖而出。他们能够创造无数的机会，让员工感觉自己是胜利者。

IBM的100%俱乐部

当我在IBM（国际商业机器）公司进行演讲时，一位公司高管告诉了我他们是如何为销售团队建立报酬制度的。每年年初，根据每名销售员的经验、能力、销售领域及上一年他们的销售业绩，管理层会为每个人制定一个需要其完成的销售额。他们让每个人都有机会实现个人的销售目标，即使其他员工的销售额与其相比或高或低也没有关系。

IBM精心为员工制定了销售目标，只要他们努力工作，按计划行事，有70%的销售人员可以完成任务。当然，他们可以超额完成，或者超出平均水平很多，不管怎么说，销售额是能完成的。

因此，每年有70%的销售团队完成了销售任务。作为奖励，他们成了"100%俱乐部"中的一员。他们每个人都得到了一枚徽章，在下一整年中，他们都会佩戴这枚徽章。他们会有额外的假期和奖金，上级领导也会为他们喝彩，表扬他们一年中创造的销售业绩。

同时，大约有30%的销售人员没有完成规定的销售额。公司就会鼓励这些人接受额外的培训，在工作中多花些心思，提高工作效率和自身的销售水平，同时他们也要有决心在下一年尽可能实现销售目标。

IBM的成功来自员工的胜利感

IBM制定的动态绩效标准使该公司成为世界上最大的销售集团之一。首先，这70%完成了销售任务的销售人员觉得自己是胜利者，在下一年的很多个月里，他们会一直都是胜利者。他们喜欢这种感觉，因此，在下一年他们就会更努力地工作，以确保自己能够再一次完成或超过规定的销售额。成为100%俱乐部的一员让他们充满了自豪感。他们非常享受IBM其他员工给予自己的尊重。这也会激励他们重复过去的行为，赢得一次又一次的胜利。

其次，剩下那30%没有完成销售额的员工——但绝大多数都非常接近了——会更加奋进，想要在下一年完成销售额。他们也想成为胜利者。他们也想得到特殊的表扬，获得特殊的荣誉，就像100%俱乐部的成员一样。结果就是，他们从内心深处变得积极起来，想要在下一年更努力，把工作做得更好。销售团队的这种健康的竞争机制力量非常强大，最终让IBM在20世纪80年代取得了巨大的成功，IBM电脑销售额占全世界电脑销售额的80%。

不要让员工觉得自己是失败者

我合作过的另外一家公司有心效仿IBM。这家公司也创建了它自己的100%俱乐部，只是这家公司的领导者的做法完全不同。IBM为每名员工制定的销售额有70%的销售人员都能够实现，并因此会得到奖励，获得领导的赏识。但这家公司没有这样做，它制定的目标有点遥不可及。制定的任务目标太高了，只有30%最努力、经验最丰富并且积极性最高的销售人员才有可能完成。

年底的时候，它给这30%完成目标的销售人员发放了奖励，并鼓励其他的销售人员，只要他们在明年继续努力工作，他们就可以加入精英团队。但是这个激励制度没有起到应有的作用。IBM有70%的员工能够享受成功，感觉自己是胜利者，而这家公司建立的模式让70%的销售人员在下一年的一整年中都觉得自己是失败者。第二年，他们的销售业绩不仅没有得到提高，反而下降了，许多有能力的杰出销售人员去了其他公司，在那里，他们的工作会得到更多的赏识，也会因此得到更多的报酬。

作为一名中层管理者，你能做的最重要的一件事就是组织工作，制定报酬体系、认可制度、奖金机制及奖励办法，让你的大部分员工可以完成或超越目标。就像一位小学老师在安排野外实习活动时，需要组织工作和制定奖励制度，让团队中的每个人都能够获得某种形式的奖励一样。

对员工寄予积极的期望

多年来，在对激励员工最有效的方法的研究中，参与研究活动的人力资源经理得出结论：在所有激励因素中，最强有力的就是对员工寄予"积极的期望"。对于那些聪明、有能力的员工，管理者寄予的期望越大，他们就会越自信，越渴望找到更好的方法及时完成工作。在需要充分发挥他们的最大潜能时，他们也会更积极、更主动。

好消息是，绝大多数人想要把工作干好。他们需要的只是你的领导、指挥和鼓励，为他们创造机会。他们需要在一个充满明确、积极期望的环境中工作，确切了解你想要什么，你什么时候想要，需要达到什么样的质量标准，以及完成任务的最佳方法。为员工创造一个这样的工作环境是你的职责所在。

全身心地培养胜利者

我给你们讲个故事吧。我和我的妻子一共有4个孩子，在我们第一个孩子出生时，我们从方方面面透彻研究了育儿事宜，迫切想要成为一对优秀的父母。我相信所有的父母在有第一个孩子的时候，都有过同样的想法。我们阅读了无数的书籍和小册子，参加了各种各样的培训课程，全身心地投入养育一个幸福、健康和自信的孩子中。

不久后，我们偶然读到了玛利亚·蒙台梭利（Maria Montessori）的书籍，这位学者来自意大利，是一位教育家，她创立了非常有名的蒙台梭利教育法。作为教育家，她对于婴幼儿如何能以最快、最好的方法进行学习有着深刻的见解。她花了很多年时间，通过实验研究来证实她的理论，最后将其规范化，这样其他的蒙台梭利教师和全世界的教育者都可以应用这个理论。

研究了蒙台梭利教育法后，我们接受了它。这些书明确告诉我们，如何找到一所"真正的"蒙台梭利式学校，我们照做了。我们的女儿克里斯蒂娜刚满三岁，就开启了蒙台梭利式学习进程。

缔造胜利者的过程

这个学习过程是这样的：每天，孩子被送去学校。当孩子到学校的时候，老师会叫出他们的名字，欢迎他们，同他们握手，把这些孩子看作一位位小绅士或小淑女来对待。他们对孩子总是彬彬有礼，满怀尊敬。

根据年龄和发展水平的不同，孩子去各自的班级，然后被教导坐下来，教室中间画了一个大圆圈，孩子的座位沿着这个圆圈线放置，每个孩子都有足够的空间，大家都坐得很舒服。在一整天里，开始上课或开始做活动时，孩子要在这个圆形排列的座位上开始；结束后，也要返回这个座位上，然后才能开始下一节课或下一项活动。

根据年龄和经验的不同，孩子要完成不同的作业。在蒙台梭利式学校，这被称为"工作"。他们鼓励孩子重视每一次的练习。"工作"可能是用蜡笔上色，也可能用画笔画画，收集并解答难题，进行艺术创作或其他事情。在每一项工作中，都有开始，有过程，有结束。

老师是指导者

老师的工作是引导学生开始着手，直到最后完成每一项工作。在练习结束的时候，孩子一个接一个地回到圆圈那里。每个孩子练习的内容都是非常适合其年龄的。坐下后，孩子会讨论他们刚才做的事情，在开始下一个练习前，老师会就上一节课或上一个活动给出积极的反馈。

对于学生来说，完成蒙台梭利练习就像爬一个蜿蜒螺旋上升的楼梯。在三年的学习过程中，练习变得越来越复杂，越来越困难，每一个练习都可以用来测量孩子个体的成长率。在三年基础课程结束时，蒙台梭利式学校的孩子掌握了阅读、写作、做数学题的技能，会使用电脑、演奏一种乐器、说一点外语、了解地理——可以认出美国不同的州和世界上不同的国家。他们在其他几门课上也都学得非常好。

培养胜利的感觉

整整三年的学习中，对学生影响最深远的事情是，他们一直在着手进行并完成了越来越难的任务。每一个任务结束时，他们会从老师那里获得鼓励和赞扬。这让他们感觉自己是胜利者。老师不停地告诉学生，说他们非常棒，因为他们把工作完成得太好了。每个孩子一次又一次成为赢家，整个三年中，周周如此，月月如此。

你能想象孩子开始有了什么样的感觉吗？他们会因为在蒙台梭利式学校的经历脱颖而出吗？答案是：他们都变得"卓越非凡"！他们有着高度的自尊心和自信心。他们为自己自豪。他们有责任心，十分自重。他们有着积极的自我形象。他们喜欢自己，也喜欢他人。他们感觉浑身充满了能量，感觉只要全力以赴，就有能力做成任何事情。在他们成长的关键期，总是有人再三地、有意识地向他们灌输这样的想法：他们非常有能力、有水平，是极其优秀、杰出的人。

一次，当我们和孩子一起去购物中心时，我们的孩子在人群中穿梭，彼此不停地交谈，看各种各样的商品，提出问题。有一位妇女拦住了我们，问道："这是蒙台梭利式学校的孩子吗？"

就是在那个时候，我们意识到我们为孩子做出的选择是多么了不起。学校里持续不断的强化训练，以及我们在家里的经常性鼓励，让我们的孩子从小时候就已经想要做一个胜利者了。时至今日，他们依然有这样的想法，也一直在这样做。

创造胜利感的5个步骤

创造胜利的感觉，一共有5个步骤。如果你根据这5个步骤来安排个人和团队的工作，能量和热情就会从你身上源源不断地释放出来，带来进步，创造卓越业绩。

步骤1：明确目标

你一定听过这样的话："你不可能击中一个你看不见的目标。"还有一句话："如果你不知道你要去哪里，就没有路可以选择。"

确立一个清楚、具体、书面的且有时间限制的目标，对创建一个可以让员工感觉自己是个胜利者的工作环境是非常必要的。设定目标时要遵循"10/90法则"，该法则表明，你在开始时花10%的时间清楚阐明要做什么，在你开始后，将会节省你

90%的时间。这也会为你减少90%的错误，压缩90%的成本和时间——你和员工一起工作的时间。

在制定个人目标和公司目标时，可参考SMART目标制定模式，它会给你带来很大的帮助。SMART是指：

S =具体的（specific）
M=可测量的（measurable）
A =可实现的（achievable）
R =现实的（realistic）
T =有时间限制的（time-bounded）

根据SMART模式制定的目标要非常具体。参与其中的每一个人都必须清楚目标是什么。目标要清楚，不能模棱两可。在实现目标的过程中，人们碰到的大多数问题都源于在制定目标之初，就没有把目标清晰度放在首位。

根据SMART模式制定的目标应该是可以评估测量的。它应该是可以用数值或经济指标进行测定的。目标也要可以分成若干步骤，每个步骤也都要可以进行评估测量。评估测量得越仔细，就越容易集中精力实现目标。精细到就连一个孩子都可以判断你距离实现最终的目标还有多远。

根据SMART模式制定的目标应该是可以实现的。目标的实现虽然需要投入一定的时间和金钱，借助外部环境和一定的经济制度，依靠团队员工的技巧和才能的发挥，而且可能在公司内外还存在着其他的一些限制因素，但一定要是能够实现的。

"销售额翻番"这样的说法并不是一个目标。但是如果说："在未来的12个月里，我们一个月会提升7%的销量，每个星期差不多提高2%。"这就非常具体了，而且也能够评估测量，实现起来也能有的放矢。在未来的12个月里，销售业绩必然会有100%的提高。

根据SMART模式制定的目标也要切合实际。制定的目标必须符合实际情况，不能脱离现实，一定要保证员工在实现目标的过程中能够增强自信。也许很多目标都充满了"雄心壮志"，但并不能反映现实，这不是目标，只是一种奢望和幻想。

最后，根据SMART模式制定的目标一定要有完成时间的限制。当你为目标每一个步骤的实现和最终任务的完成都制订了具体的计划时，对员工来说，按计划实现目标就容易得多了。

大企业的衰落和破产，大多是因为那些需要执行目标任务的人没有充分理解目标，对目标认识不透彻，尽管公司的高层可能非常清楚目标是什么，但这远远不够。

步骤2：具体的测量方法

对于一个想要取得胜利的员工来说，他必须知道终点线在哪里。他必须知道你是如何定义胜利的。他也必须明确知道，他需要做些什么才能完成任务，冲过终点线。马拉松比赛的全程大约是26.2英里（1英里=1.609 344千米），跑这么长的距离，对参赛者来说必然是难以承受的。但幸运的是，马拉松比赛的组织者在每英里处都会设置标杆或标识，有时候每半英里就会设置一个，这样参赛者就可以利用一个个距离较短的、更容易实现的增量目标，测量他们自己的进程。增量越小，越密集，也就越容易让人感觉自己在不断地接近最终的目标，会成为一个胜利者。工作中也是一样。员工每实现一个小目标，他们就会觉得自己是一个"小胜利者"。

里程碑管理法　在销售公司，奖励那些销售业绩突出，为公司收益的增长做出贡献的销售人员是非常普遍的事情。但是，通常较大的业绩指标往往需要花费一年甚至更长时间才能完成。在这之前，销售人员往往不会有任何成功和胜利的感觉。

今天的销售公司在销售过程中设置了一个又一个的"里程碑"。例如，第一个里程碑是确定一个潜在的理想客户；第二个里程碑是收集信息；第三个里程碑是和一个重要的决策者协商安排工作；第四个里程碑是确定你的产品能够满足这个客户的哪些需求；第五个里程碑可以是向客户进行一次展示。

在顶尖的销售公司，他们把这称为"里程碑管理法。"每个星期，销售经理都会检查每个销售阶段的潜在客户数量。根据经验，他们知道在这些潜在客户中，最终会有多少能转变成真正的客户，并且可以预估每次的销量。

根据这个信息，他们能够制订清楚和精确的月销售计划甚至季销售计划和半年销售计划。在这个过程中，销售公司"利用具体目标进行管理"，确保员工每次集中精力完成一件事。更重要的是，通过集中精力实现一个个的具体目标，整个销售过程中的每一步，销售人员都会有胜利和成功的感觉。整个销售过程的完结仅仅是最后一步，至此，也就获得了最终的胜利。

当你给员工安排一项重大的、任务繁多且很可能需要好几个月才能完成的项目时，一定要设立一系列的里程碑和基准点，这样员工才能有可以实现的短期目标，在取得最终胜利前能够持续获得胜利的感觉。

步骤3：让员工获得成功

一个人想要有胜利的感觉，他一定要成功完成任务。他必须实现目标，承担责任，接受任务的结果并获得彻底的胜利。

管理者的职责是帮助每一名员工获得成功。如果一个人被分配了一项对他来说太难的工作，分配工作的管理者就应该进行调整，把部分工作安排给其他人，让有能力完成的人去做这项工作。最关键的一点是，分给员工的工作，不管是什么，一定要是员工有能力完成的，是他们通过努力早晚有一天会完成的。

当你和新员工合作时，最有效的一个刺激因素就是安排给他们一系列在他们能力和经验范围之内的小任务。就像在蒙台梭利式学校一样，一个个小的工作任务的开始和完成培养了一种情感上的"驱动压力"。这种驱动压力可以增强员工的自尊和自信，相信自己有能力完成更大的任务。

步骤4：认可员工的成就

每名员工都需要得到周围人的认可，希望他们取得的个人成就得到大家的认可，尤其是他们的上司。既然你团队的成员从内心深处想要奋进，他们在完成工作时就期待着能够得到认可，这种认可能激励他们"再走一里地"。正如前面章节所述，领导者主动积极地认可一项成就可以增强员工的自尊，改善他们的自我形象，激励他们在将来表现得更好，做得更出色。

步骤5：有形的和无形的奖励

这一步骤是锦上添花。当有员工按时完成某项任务时，你可以只给予表扬和认可。在某些时刻，对于某个更大的成就，你必须给予某种奖励。对于额外付出的努力，如果没有任何的奖励，人们就会失去他们的热情，并在心中得出结论："有什么用？即使我工作努力，我也不会比周围不努力的人多得到些什么。"

奖励可以是无形的，也可以是有形的。有形的奖励可以是物品或金钱，可以是一个公文包或礼品券，也可以是发奖金或涨工资。在所有行业中，这些奖励都是最有用的激励因素，可以持续激励员工更努力工作。

难忘的一课 在我年轻的时候，当我成为一名管理者时，我经营自己的生意，在某项特定的项目中无论什么时候有人干得好，我都会给这个人涨工资。很快，这种行为的后果就给我带来了烦恼。下次他们干得好时，即使这只是他们分内的事情，他们也会想要再次涨工资。更糟糕的是，其他人也这样做了，当他们做了他们应该做的工作的时候，也来要求我涨工资。很快，我对工资成本就失去了控制。

我不久就了解到，最好的经济奖励是与完成特殊任务紧密相关的额外奖金。这是一次性的，不是长期的，而涨了工资意味着要每个月都多给钱。发放短期的奖励与额外的奖金和涨工资有着同样的激励作用。

无形的奖励　奖励也可以是无形的。无形的奖励可以很简单，例如可以是请员工一起吃顿午饭来庆祝成功，可以是给员工换一个更大的办公室或一张办公桌，也可以是给员工一把新办公椅或一台新电脑。

另一种无形的奖励是休假。如果我的员工在某个项目中干得很好，我会提前告诉他们星期五不用来上班。我提前通知他们，让他们有时间安排自己的假期，而不会等到最后时刻再告诉他们。

然后，就会有这样的事情发生：如果你给员工一天的假期当作奖励，他们就会在休假前做好所有的工作，并在回来上班的第一天就立刻投入工作中，赶上其他人的进度。你不会有任何损失。你和公司得到的结果是，一名更加努力奋进的员工，他迫切渴望得到更多的带薪假，而这并不会给你带来任何的经济损失。

另一种无形的奖励就是额外的培训或公务旅行。许多公司会奖励业绩突出的员工两到三天的培训课程，或者去其他城市公务旅行。这样做有两个好处。员工个人学到了如何提升能力，如何在将来实现更高、更重要的目标。对公司来说，则会拥有一名有能力为公司创造更大价值的员工。对双方来说这是双赢的。

如果员工超额完成了任务，承担了更大的责任，奖励他们的方法多种多样，可以是有形的，也可以是无形的。一些管理者会当场给予小额现金，奖励员工的突出贡献，哪怕只是一个想法或建议也会得到奖励。另一些管理者可能会送鲜花到取得重大成就的员工的家里，把花献给这个人的配偶。你也可以给员工体育赛事门票、音乐会门票、电影票，甚至是某一餐馆的餐券。你所给予的这些奖励能够激励员工创造最佳业绩，让他们感觉自己是胜利者。你可以给予员工任何奖励，任何你能想到的奖励都可以。

有效授权能激励员工发挥最大潜能

人们需要实现可测量的目标，需要因为他们取得的成就被认可而受到奖励，从而产生胜利者的感觉。在实现目标时，他们被赋予的自由度和责任越大，他们的成功就越有意义。为了成功完成某事，你从上司那里得到了相关任务的详细指导，这的确很不错，但是当你独自承担责任并想出解决问题的办法时，这样的成功会给你带来更大的满足感。

这就是授权。授权意味着充分发挥你的员工的潜能。你授权给员工的任务越多、越重大，他们就会变得越有能力，他们的自信心也会越强，那么在你的公司里，他们就会成为越来越有价值的资源。

授权开始前，你要彻底考虑清楚该项任务需要做些什么，最理想的结果是什么。

为这项任务的执行设定评估测量的标准，并设定时间限制。你知道如何出色地完成这项任务吗？如果你可以挥舞一根魔杖，这项任务就会完美收工，那么产生的结果会是怎样的呢？

制定一个完成任务的截止日期。你想要多少时间完成任务？需要在什么时间完成？在什么时间必须完成？

为这项任务选择合适的人选

一旦你全盘考虑清楚了整个任务，你就要开始广泛寻找人才，为完成这项任务确定一个最佳人选。这个人的经验水平决定授权的实际方法。

一个新人或一个经验丰富但对新任务一无所知的老员工，对这个新任务而言，二者没有任何差别，都是生手。在这种情况下，他们需要有实际经验的人的管理。必须有人一步一步地告诉他们如何做这项工作，他们也需要被监督，确保他们能够找到正确的方法，按时完成。永远不要把一项任务全权委托给一个毫无经验的人去做。

还有一类人就是有能力完成此任务，但没有丰富的经验的人。对这类员工，你可以采取设置阶段性具体目标的管理方法。你们需要就想实现的目标和完成的任务进行讨论，然后确定最终结果。如果你认为哪个方法可以更好地完成任务，你可以说出来。然后，你把工作授权给这名员工，让他独立完成这项工作。

另一类人是对该项任务有着非常丰富经验的人。这个人在工作中充分证明了他的能力，可能比你都适合完成这项工作。在这种情况下，你授权的方法就是简单地与他交流一下。你们在讨论中，要明确指出如何完成工作，要就此达成一致，然后问问他，为了顺利完成工作，是否需要你提供一些帮助。一切都确定了后，你就可以离开了，把这项工作留给这名员工，让他自己去完成任务。

有效授权的7个步骤

有效授权需要7个步骤。如果你能按照这些步骤来做，遵循它的顺序，有效地把任务授权给员工，你就为员工创造了最理想的工作条件，他们会因此表现得更好，从而获得成功，觉得自己就是胜利者。

首先为任务选择一个合适的人选　工作要和员工的技能相

匹配。你一开始选择了合适的人选，这就在80%甚至更大程度上保证了这名员工能够按时、按计划成功而又准确无误地完成任务。

授权整个任务 将要完成的任务全权授权给员工。让员工承担100%的职责，这是激励员工发挥潜能的主要因素。

授权的工作要具体 它们都应是可评估测量的。可以衡量的工作才能够被完成。

授权时要参与讨论 员工在开始工作之前和你就工作进行了多少讨论，和他将来会多努力地完成这项工作有着密切的关系。向员工说明即将要做的事情及其原因，然后就此达成一致。

这里有一个重要的提示：有人是视觉型的，有人是听觉型的。视觉型的人需要看见书面记载的东西，而听觉型的人只有在进行口头讨论时，才能把事情理解得最透彻。在你授权一份特定的任务时，一定要正确区分这两种不同类型的人。对于一个视觉型的人，当你在讨论时，一定要让这个人记录下你们正在讨论的任务。在讨论结束时，请这个人给你重复一遍安排的任务是什么。

作为一名年轻的管理者和公司所有者，我过去在委派工作时，先讨论和签订协议，再把工作安排出去，然后就盲目地相信授权给员工的任务一定会按照要求准时完成。但结果是，我往往非常失望地发现，员工并没有完成我要求的工作，或者没有按照我说的方法去做。实际上，在一开始，他们就没有彻底

第六章 为员工创造胜利的感觉

明白我要求他们做什么。从那个时候起，我开始要求公司的每名员工都向我重复我们正在讨论的问题，你也应该这样做。

为每一个任务的完成制定明确的截止日期和阶段性的具体目标 不要让事情处于"悬而未决"的状态。如果任务非常繁重，确定每周需要完成的工作量。如果是一个星期就可以完成的工作，每天都设定一个具体目标，确定每天要完成多少工作。你制定的阶段性截止日期越密集，就越有可能按时完成任务。

把完成工作所必需的资源提供给员工 一旦员工得到了授权，那么时间和资金都应提供给员工并提供必要的帮助，任何必要的资源都要提供给员工。一定要清楚明白地指明被授权人，以及安排给这个人协同他一起工作的其他人，另外一定要表明需要在多长时间内完成任务。此外，一定要弄清楚预算，不要事事想当然。

一旦你已经授权，就不要再干涉员工了 不要再干涉员工，收回授权的工作，或者帮着做一部分工作。

《哈佛商业评论》中有一篇非常经典的文章《管理时间：谁背上了猴子？》（*Management Time：Who's Got the Monkey？*）。威廉·翁肯（William Oncken Jr.）和唐纳德·L. 沃斯（Donald L. Wass）在文章中描述了一种倾向：管理者虽然已经把工作授权给了其他人，但仍然过多参与其中。他指出，只有员工掌握着反向授权的权力。在执行任务的过程中，他们回来找管理者，问管理者是否可以在某方面帮助他们，给他们提供一些信息或打一个电话。而管理者想要做一个好人，于是就会同意帮助完成一部分工作。

于是就有了这样一种现象：在工作中负责下一步工作的人什么都不用做了，"猴子"现在在管理者背上了。这名员工现在不需要再做这项工作了。他不得不等着，直到这位管理者完成原本应该由他负责的下一步工作，他才能开始。

很快，员工就变成了管理者，管理者反而成了下属。下属路过管理者的办公室时问道："你答应帮我做的那项工作进展怎么样了？"

从现在起，当一名员工走向你，请你帮助做其中一部分工作时，不要伸出援手，不要去碰那个任务。如果这名员工想问你的意见，不要回答他，而要反问他："在这件事上，你觉得我们应该怎么做？"不管答案是什么，一定要同意并鼓励他那样做。利用这种方法，员工很快就能学会如何做。一旦你把工作给出去了，就不要再收回来。

异常管理

在授权时，让效率最大化的一个好办法就是实行"异常管理"（management by exception）。根据这个办法，你要制定清晰的目标、标准和截止日期。然后，只有在执行过程中出现任何异常情况或偏离既定计划的事情时，才需要向你汇报。只要这名员工在按照计划行事，他们就不需要回来找你。只有当出现问题时，他们才能来寻求你的帮助。

参与管理

对于一个良好的工作环境的描述是员工感觉自己是"熟悉内幕的"。他们感觉自己是知情者,知道公司内发生的每一件事。不断地有人告诉他们,现在正在发生什么,会对他们有什么影响。

参与管理是关于你如何让你的员工充分融入公司,让他们感觉公司的每一次成功都是他们每个人的胜利,他们也可以取得这样的成功。员工有依赖需求和独立需求。参与管理满足了深层次的彼此依赖的需求。这让员工感觉他们是整个组织的一部分,好像他们自己可以为公司的成功负责。根据这种方法工作,你必须花时间解释清楚每一件正在发生的事情,经常请员工就公司的变化和发展提问题,可以是在私下里,也可以是在员工大会上。

不间断的鼓励

要经常对公司的员工表达你对他们的美好期望。告诉他们,你相信他们一定会完成安排给他们的工作。

不断地鼓励员工。告诉他们,他们工作得多么出色。通过赏识和赞美让他们成长。经常表扬他们。看到他们正在做的正确的事情。无论你什么时候看到员工在做一些积极的事情,一定要注意到,把它提出来并因此表扬他们。

也许你能为公司做出的最大贡献就是鼓励你的员工,让他们感觉自己在绝大多数时候都是胜利者。如果你想要创造胜利者，你就必须为他们的获胜创造条件。你必须制定目标、标准和最后的终点线。你必须帮助他们冲过这条终点线，获得成功。你必须通过表扬、认可和奖励来推动这种成功。

当你让员工感觉自己是胜利者时，你就正在创造一种能够产生最大业绩的工作环境，在其中工作的员工都会发挥他们的最大潜能，为了你，也为了你的公司。

▶▶▶ 行动练习 ◀◀◀

1.要让你的员工感觉自己是胜利者,你就要创造条件,让员工在每一天的每一项工作中都能够取得胜利。

2.清楚地解释每一项任务,让员工准确地向你复述你布置给他的任务。

3.为每一个任务和任务的每一个阶段,制定清楚的评估测量标准。让每一个人都熟知这些标准。

4.不管什么时候,寻找多种方法认可和奖励员工取得的突出业绩。

5.给员工提供出色完成任务所必需的资源。

6.定期对员工的行动给予反馈。员工需要定期了解自己完成得怎么样。

7.每个星期召开员工会议,每个人都要发言;允许所有员工同大家分享他们的任务,他们面临的问题,以及他们接下来的计划。

FULL ENGAGEMENT!

Inspire, Motivate, and Bring Out the Best in Your People

第七章

选择合适的员工才能创造最大业绩

最好的总裁是能够挑选最好的人做他想要做的事情，而且能够在他们做事过程中保持自制不干涉他们。

西奥多·罗斯福

（Theodore Roosevelt，美国第 26 任总统）

为了帮助员工增强自尊和提升自我形象，你付出了很多的辛苦和努力，就如我们在前面几章所介绍的。但是，如果那些人在一开始就不是合适的人选，那么作为一名中层管理者，不管你付出多少努力都于事无补，不会有效果。

你的职责不是去找一些人然后改变他们现在的样子。你要做的是，找到合适的员工，给他们创造一个可以发挥他们最大效能的工作环境，让他们为你和你的公司做出最大的贡献。

如果你在一开始就能为你的团队选择好的、合适的员工，那么作为一名中层管理者，你就成功了95%。非常令人震惊的是，有那么多的管理者雇用了不合适的员工，然后想方设法地为他们解决工作中的问题，最后对每个人都失望至极。

著名的管理学家及畅销书作家吉姆·柯林斯（Jim Collins）在他的著作《从优秀到卓越》中，写有这样一句非常经典的话："把对的人拉上车，把错的人赶下车，然后让对的人坐到车上对的位置。"他所说的，正是商业成功的7个关键因素中的一个。

每个任务的开始和完成，都包括3个方面：合适的人选，这些人力所能及的任务，合理的时间安排。一个不随和的人或表现差的人会破坏整个团队的表现。在上一章中，我们提到了为你的生意设立一个令人兴奋的远景规划，尤其是为那些你想要一起工作的人或为你工作的人。在本章中，我想要和大家分享我的一些有关录用员工的想法和建议，希望有助于你在工作中选出更好的员工。

20世纪，管理学界泰斗彼得·德鲁克曾说过："从长远来看，大部分聘用决定都不解决问题。"在你录用的员工中，大约有1/3的人非常适合他们的工作，还有1/3的员工非常普通，余下1/3则是让管理者根本没办法接受的员工。你的职责就是改变这种情况，做出更好的招聘决策，录用更多优秀员工。

选错人是极大的浪费

错误的录用决策很可能为你和你的公司带来巨大的损失和浪费。如果你录用了一名员工，但随着时间推移，他一直无法胜任工作，那么这次录用浪费的成本相当于一名员工年薪的3到6倍。如何得出这些数据的呢？主要源于以下几个因素。

- 你和其他人不得不投入大量的时间整理这些求职者的资料，找到好的、合适的员工。

- 在他们真正有能力为你的公司创造任何价值之前，你需要投入很多，要对他们进行培训，并让他们能够融入你们的活动。这种努力需要2到3个月甚至更长的时间。
- 当他们在学习如何工作的时候，你还要付他们薪水，让他们享受福利。
- 监督他们的时间和成本，监督者的工资和福利，这些都要考虑进来。
- 一个新人的生产效率非常低，这在前几个月几乎是没有办法避免的。

如果你的一名员工在入职后的6到12个月就离开了——不管出于什么理由——那么你在这个人身上的投入就都白费了。他们的离开带来了无法弥补的损失，而且没有留下任何价值。

现在，录用了错误的人还造成了这样一个后果：你不得不再录用一个人，整个过程就要再重来一遍。同样要花费时间和金钱。这很可能就是为什么最能盈利的公司似乎人员流动率都是最低的。员工流动性很大的公司——不管是因为什么——效益往往都不如其他公司。

还有一项损失就是对员工士气的影响。如果一个公司员工流动性大，员工就会变得士气低落。他们刚适应和新人一起工作，一起交流，突然新人就离开了。他们开始想要知道，自己的工作是否有保障，以及公司是否出现了根本性的问题。他们会花很多时间讨论那些来了又走的员工。这样生产效率就会下降。如果员工流动性大，员工工作的积极性和责任感就会很差。整个公司的发展必然也就会减速。

好员工是免费的

这就意味着，优秀而高效的员工不仅可以和他人和谐相处，而且能够为公司创造更多的价值，远远高于公司付给他们的薪水和福利。实际上，员工为公司创造的价值应该是公司在他们身上投入的总成本的3倍。虽然很难计算知识型工人、技术型工人、秘书人员和管理者的成本，但他们也必须为公司创造高于自身成本的价值，否则他们最终必将成为公司的净亏损。

2009年，花旗银行奖励纽约一名商品交易员一亿美元的红利，虽然该银行在2008年和2009年遭受了重大经济危机。这件事一经披露，立刻引起了轰动，各家媒体纷纷报道了此事。政客异常愤怒，怎么会有人配得上高达上亿的年薪？

花旗银行的高管耐心地解释道，这位卓越的投资专家的薪酬是根据他的表现来支付的。他所得到的仅是他为花旗银行创造的利润的一小部分。毫无疑问，这一年他为花旗银行创造的利润至少有20多亿。他一亿美元的薪酬是大家协商的结果，是他为公司创造了巨大利润后应得的。

录用始于解聘

在很多时候,录用始于解聘。在你想要建立一个都是优秀员工的明星团队之前,你不得不"把错的人赶下车"。

实际上,管理者面临的最大压力是被解聘。第二大压力就是解聘其他人。但令人悲哀的是,如果你从未有过后一种经历,那么你必然会体验到前一种经历。换句话说,如果你不能解聘你手下那些表现差的员工,那你就等着自己被解聘吧,被那些可以解聘不合适员工的人取代吧。

彼得·德鲁克曾说过:"如果一位管理者保住了一名无能的员工的职位,他本身就没有能力。"

纵观你的整个职业生涯,其中有一个最重要的也是你可能使用过的思考方法,就是"归零思考法"(zero-based thinking)。这个概念源于会计学。在归零核算中,管理者每年都要核查每一笔开支,通常每个季度就要查一次,然后提出这样的问题:"如果在这个方面我们现在不投入这笔资金,我们还会为此做预算吗?还会知道我们现在所知道的一切吗?"不要为增加预算还是减少预算争个没完,你要问一下,你是否应该在那个方面投入这笔资金。

最优秀的管理者经常会先在他们的工作中试验他们的决定。根据当前的情况和现有的信息,他们总是非常愿意重新审视以前做出的决定,在与他们生意相关的任何领域都会如此。

承认自己犯了一个错误需要相当大的勇气,但没有关系。

在当前这个充满动荡和变化的时代，你可能会有70%的时间在犯错误。唯一存在的问题就是：你需要多长的时间才能认识到你所犯的错误，然后开始做出必要的改变？

录用中的归零思考法

根据归零思考法，你应该提出的第一个问题是："现在为我工作的人当中，有谁——在我现在了解了他的情况后——是我不想再录用的，如果他现在再次申请这份工作的话？"

这被称为"知道我现在所知道的"（Knowing what I now know，KWINK）分析法。在你公司的每一个地方（尤其是对你的公司里的员工），你可以经常使用这个方法，思考每一个向你汇报工作的员工的情况。在知道了那个人的工作表现后，有谁是你今天不想再录用的？下一个问题是，如果有这样的人，我该如何解聘这个人？什么时候呢？

我们已经发现了，当你已经了解了这个人的情况，认为如果有机会选择，肯定再也不会录用他了，这时其实为时已晚，他已经是你的员工了。现在的问题是，你需要多长时间才能解聘他，这才是你需要思考和做的事情。

你如何判断自己是否应该使用归零思考法呢？答案很简单：压力。不管什么时候，当你因为某名员工而感觉非常有压力，并且他还经常让你感到沮丧、愤怒、失望或其他任何形式的消极情绪，你都应该放松一下精神，然后问自己："如果我不得不再来一次的话，我现在还会录用这个人吗？"

还有一种方法解释了与员工问题相关的归零思考法："现在正在为我工作的员工中，如果有人来找我，告诉我他要离开了，我会尽力劝阻他，不让他离开吗？"每名管理者都有过这样的经历，他们从内心深处希望某名员工会辞职而后离开。当那真正发生的时候，这名管理者会感觉松了一口气。

不合时宜的同情

有些管理者保住了一些表现差的员工的职位，只是出于不应该有的同情。他们骗自己相信，他们不让那样的员工离开，是因为他们比其他管理者更加善良，更加仁慈。

但这只是一种自欺欺人。实际上，你不解聘一名不好的员工是因为你胆小和怯懦。你只是害怕解聘员工会产生的压力，跟同情没有任何关系。

这里有一点非常重要。当你已经决定，如果你知道了你现在所知道的一切，你绝对不会录用这个人时，这就意味着，这个人在你的公司以后不会有任何的发展。他在公司的日子屈指可数了。不管他是自己离开还是被解聘，都只是时间问题罢了。这种情况不会得到改善的，一切都太晚了。

作为一名中层管理者，你能够做得最仁慈的事情就是，当你意识到这份工作不再适合那个人的时候，给他自由。很显然，这个人以后在你的公司已经没有任何发展前途，不要束缚住那个人，也不要继续供养他了。这只会妨碍人们寻找适合他们的工作，不要让他们继续做目前这份对他们来说明显不合适的工作。

对每名员工进行KWINK分析

有人说过，所谓的弱点仅仅是一种运用不当的力量。如果某个人不适合做现在这份工作，很显然不能胜任你要求完成的工作，这并不意味着，这个人是不好的或邪恶的。这只说明了你的需求和那个人所能提供的东西不相匹配。你尽早发现这种不匹配的存在，让这个人离开，让他找到更适合他的工作，你们两个就都会更加自在。

对你的每一名员工进行一次KWINK分析。不管什么时候，不管你是出于什么原因不高兴并感到有压力，都问一下这个问题："如果我不得不再来一次的话，我现在还会录用这个人吗？"当你最终鼓起勇气，坚决执行你的决定，让这个人离开后，你就会产生和所有有过同样经历的中层管理者一样的感受："我早就应该这样做了。"

一旦你"把错的人赶下车"，你就可以建立一支优秀的团队，你就可以充分实现你公司的目标了。

选出优秀员工的步骤

很多中层管理者从来没有接受过选拔员工的培训。毫无征兆，他们就发现自己成了招聘人员，要面试应聘者，选出和他们一起工作的人了。他们并没有意识到：选择一名员工和选择婚姻中的伴侣是非常相似的。他们挑选员工的过程都非常随意，没有计划。结果就是——尤其是在他们刚当上中层管理者时——在录用员工和安排员工职位上经常犯错误。

但这并不是不可避免的。选拔员工中遇到的所有问题都已经有了解决办法。每年有数以百万计的人被选拔出来，参加工作。要想选出好的员工，有几个具体的步骤是你一定要遵循的，这会大大提高你适时选出好的员工的概率，同时也有助于你给员工确定合适的薪水，并把他们安排到适当的位置上。根据这些步骤，你选拔出与你团队其他员工完美契合的人的可能性也会大大提高。你就没有必要做无谓的重复性工作了。

把思考的内容落实到书面

从一开始，每当你有了想法，就记录下来。在大脑和双手之间，有时会发生相当神奇的事情。当你写下某些事情的时候（不是在电脑上打出来，而是写到纸上），你就会非常清楚你真正在寻找的是什么，理解得也会更好。事实是，如果你不能把对正在寻找的员工的要求详细地记在纸上，你很可能不会明白你想要的是什么。

如果你清楚自己想要一名什么样的员工，对希望这名员工承担什么样的工作也有了一个清晰的概念，那么这个时候，你应该和其他相关工作人员讨论一下你的想法。向你团队中的其他成员咨询意见。让他们参与进来，并一直参与整个选拔过程。你团队成员给你提的建议通常都会给你带来惊喜，他们的建议和想法可以帮助你真正提升选拔人才的能力。

慢慢来

在选拔和录用工作中，要慢慢来。匆匆忙忙做出的录用决定几乎总是会出错。正如一条谚语所说："欲速则不达。"

每次当你想要录用一个新人时，都要对那次招聘工作进行一次全盘的思考，就好像以前从来没有做过这个工作一样。当今时代，变化迅速，在纸上墨迹未干之时，对一份工作的介绍就已经过时了。今年一份工作需要应聘者具备的基本技能或者要承担的产量责任，很可能在下一年就已经过时了，无法满足下一年的需求了。在规划招聘工作时，想象你现在要一切从头开始。想象一下，你拥有了重新开始的能力，此时，你不仅拥有了比以前更多的东西，而且那些与工作无关的、不重要的东西都不存在了。

从结果开始

一开始时，你就要确切地列出这份工作需要产出的结果。在很多方面，结果就像目标。结果要非常具体，可评估测量，要有完成时间限制，尤其要明确做这项工作的人应承担全部责任。要为你的企业创造效益，这个新人需要承担什么责任呢？他能全权负责这份工作，完成每一个具体任务吗？或者，他只能完成其中的一部分，由其他员工完成剩下的工作？

你可以把你的公司或部门看成一个工厂，把每名员工看作生产线上的工人，每人负责一项具体的工作。就像传递水桶，桶从一个人手里传到另一个人手里。在工作中，一名员工接手上一名员工已经在干的工作，他只需完成自己的那部分就可以，然后把工作传给下一个人。虽然用这种方法不能很好地描述知识性工作，但是当你录用一个人的时候，你就是在录用某种具体的生产单元。你必须清楚知道这一切，把你的想法写在纸上。

评估成功

你怎样评估成功？实际上，如果你不能评估成功，你就不会取得成功。你如何知道那个工作完成得是否令人满意？其他人怎么判断工作的质量？你要对自己和新员工清楚地表明是什么构成了杰出的业绩。要想缔造一个激发员工发挥最大效能的工作场所，这是必须做到的。

录用掌握你所需技能的人

做这份工作，哪些技巧和经验是必需的？在那些理想的应聘者所拥有的技能中，什么样的技能是最重要的？处在你这个位置，你能够做得最明智的事情就是录用一个掌握你所需技能的人，他的技能源于他以前在其他地方的工作经验。这要比你不得不花费大量时间、精力和金钱亲自教导他这些技能要强得多了。

合适的岗位

什么性格的人最适合你和你的工作团队？这是所有问题中最重要的一个。为了让员工能够最大限度地发挥他们的潜能，他们必须能很好地适应新的团队，与团队中的成员和谐共处；他们必须能够和你团队中的其他成员合力同心，也必须得到其他人的喜欢和尊重。

每家公司都有自己的特性。从领导开始，逐级渗透。俗话说得好："物以类聚，人以群分。"

一些公司非常保守，不求进步。他们每前进一小步都非常谨慎，步伐缓慢，他们不喜欢有人破坏良好的现状。他们坚信："如果你想与大家和谐相处，你就要入乡随俗。"

相比之下，还有一些公司——尤其是新兴的高科技公司——就显得开放得多，他们更具有表现力和创业精神。他们欢迎自发行为和创造力。他们鼓励大家就产品、生产过程、服务、顾客需求及如何改善上述事项进行激烈的讨论和辩论。

好的员工，坏的公司

在一次研讨会上，一位女士找我咨询一个问题。她向我阐述了她目前的工作，很显然，她有一点失望。她告诉我，她现在工作的那家公司已经有100年的历史了。在那家公司里，所有的管理者都在那里工作了二三十年。她说为了更好、更有创造性地工作，为了更有效率地为顾客提供产品和服务，她提出了很多建议，但不管什么时候，她的主管都非常明确地表明，她的建议不受欢迎。他们不喜欢提不同意见和想要改变现状的人。

我告诉她，她看上去是一个非常有抱负和有创造性的人。但不管她付出多少努力，她所在的公司和公司的管理者都不会有任何改变。他们花费了一生的时间，形成了他们公司的特性，他们周围的人也都和他们有着同样的世界观。她最好还是去找一家年轻一些的、更有活力的公司工作，这样的公司会欣赏她为公司带来的活力和各种主意与想法。她对我表示了感谢，然后离开了。

一年后，当我在同一座城市演讲时，她再次来找我，重新介绍了自己。她笑容满面，很快乐。她听从了我的建议。她找了一家只有3年历史的公司，那家公司是由一群年轻人组成的。一开始，她和他们一起做一些基础性的工作。几个月后，她升职了，后来一升再升。她现在的薪酬比她在原先那家公司高出了40%。最重要的是，她告诉我，这份工作让她非常兴奋和快乐，每一天对她来说都是崭新的，每一天都让她充满了期待。

好的员工，合适的职位

关键在于，你永远不要试图把一个圆桩放进一个方洞里。即使一个人有才干，有能力，也有你需要的经验，但那个人是否能够融入你的团队并接受你公司的文化才是最重要的。如果他们的人格和气质与你的公司中的主要决策者截然不同，经过一段时间他们还是没有办法融入你的公司，你就不得不再花时间，找人代替他们。因此，一定要事先考虑周全。

一旦你郑重考虑了你正在寻找的人，和其他人进行了讨论，并在纸上写下了你的想法，那么现在是时候详细描述工作了。你到底想让这个人做什么？

列出理想应聘者的必备条件

列出这份工作需要实现的具体目标。列出理想应聘者应该具备的教育背景、技能和经验。为了能够和你及你公司里其他人和谐共处，描述所需要的应聘者应具有的品质和性格。

列出理想应聘者所应具有的性格特点。这个列表可包括20到30项，然后整理这个列表，以100分为满分，按照优先原则和重要性，给每个性格特点都分一定的权重分值。

你正在寻找的最重要的素质是什么？通常认为，应聘者以往取得的最重要的工作成果，以前的成功纪录，会成为你决定录用他的原因。这一项可以安排10到20分，也许是50分。

你寻找的第二个最重要的素质是什么？第三个呢？等等。不断地修改你的列表，分配这100分，直到你基本拥有了一个倒金字塔。在描述一个理想的应聘者时，你会发现你认为对工作最重要的20%的素质占据的分值超过了80分。你的列表一定要明确表明哪些是"必需的",哪些是"你想要的"。

把必须和想要分开

有些东西是你要求一个理想的应聘者必须拥有的,没有任何商量的余地;而有些东西,应聘者没有也可以,如果有就更好了,它们并不是必需的。例如,当我详细描述一份工作需要的理想应聘者时,我总会写这样一条:"尽量住在离公司近的地方。"

但是,当我把这个要求和应聘者掌握的技能,拥有的能力和经验相比较时,这个要求仅占了1分或2分。这就是一个"想要的"——住在附近更好,但不是最基本的因素。现在,我公司里杰出的员工有的住在距离公司六七十千米的地方。

这个时候,停下来,让你们团队的其他成员传阅你的列表及其中的权重分值安排。邀请他们就你的描述进行评论,请他们提出建议,然后加进列表中。你的团队成员会给你提出很多建议,他们的建议有的非常有价值,经常会给你带来意想不到的惊喜。

现在,你已经可以准备写一份招聘广告,招聘理想的员工。这个行为会把你最好的想法都具体化,明确下来。你可以从这样的句子开始:"我们正在寻找一位曾经取得过如下成就的……"然后你可以列出这份工作需要承担的具体责任。接着再列举一些你希望对方拥有的性格特点,例如"友好、有创造性且有团队合作精神"。在你把它公布出去之前,一定要再次检查这个广告或工作介绍。每次看，你都能找到更好的方法改进它，使之对应聘者更具吸引力。

普遍撒网

一旦你清楚地以书面形式描述了你想要找的员工，你就应该普遍撒网，让每个人都知道。从网络开始，把这份招聘广告放到各大招聘网站上，告知潜在的应聘者通过电子邮件发送他们的简历，这样你就可以评估他们，答复他们了。

还有一些公司使用了另外一种方法。他们采用各种形式，鼓励内部推荐。他们在公司内部张贴招聘说明或尽可能多地告诉公司里的员工，他们现在很需要具有某些条件的员工。

如果公司的员工介绍了一名新员工，公司会奖励他1 500美元的酬劳。酬劳分3次给：当这名新员工被录用时，给他500美元；第二笔500美元在这名新员工工作6个月后给；第三笔500美元在一年后给。

在你的公司里，既然每个人平均至少认识300个人，那么当你以经济手段激励你的员工留心观察能够为你所用的人时，在你撒开的大网里，就会有几百甚至几千名应聘者。

这样做的好处是，你公司的员工都是公司的知情人，他们会为公司推荐最适合公司的人选。他们不会推荐一个无法胜任的人，因为他们不想犯错误，不想让自己尴尬。因此他们就会用心地去判断谁符合公司提出的要求，然后才会推荐给你面试。

有些公司招聘新员工完全靠公司内部人士的推荐。你可以利用报纸、杂志、行政人事招聘专员或其他渠道进行招聘。告诉你的客户和供应商，你们正在寻找某种特定类型的人才，这也不失为一个好办法。如果他们在工作中遇到了合适的人选，他们就会介绍给你。

联系社区大学

一个经常被忽略的应聘者来源就是你们当地的社区大学。社区大学的学习者平均年龄在28岁到40岁之间。成年人上社区大学的首要原因就是，学习一些技能，让自己在市场中更有竞争力，期望在将来赚更多的钱。通常注册参加这些课程的人都有着非常远大的抱负，意志坚定，严于律己。他们正是你为公司寻找的那种人。

联系在你公司附近25千米范围内的社区大学。告诉他们，在一个或多个具体的职位上，你现在想要招聘一名或多名员工。把具体的工作介绍用邮件发给他们，让他们看到书面说明。如果方便的话，你可以登门拜访，参观这所社区大学，和负责就业安置的人见面。这些人通常非常渴望能够证明，在他们这里上课的人一毕业就能找到很好的工作。他们非常想和你合作，会为你大开方便之门。

录用员工的基本原则是，你拥有的优秀应聘者越多，你最终选拔出来的员工素质就越高。如果你能够吸引越多的人申请某个特定的工作和职位，那么你最终选到的员工就越优秀。

学会快速筛选求职信

既然你已经让每个人都知道了你正在寻找某种类型的人,那么下一步就是处理收到的求职信了。一旦你在网上公布了招聘信息,收到几十封甚至几百封的求职信是非常正常的事情。在你采取任何行动前,你必须学会快速筛选这些求职信,找出你想要的。

看了开头后,你还应该继续阅读下去的求职信,应该是那些针对你提供的工作直接给予回应的。在信的开头,应聘者应该给出一些个性化的东西,然后针对下列事情谈一下他们的看法:你在招聘广告中提到的你们公司的情况,招聘的具体岗位和需要完成的工作。同时,应该把个人简历随求职信一起发来,简历能够告诉你,这个人是不是你在广告中刊登的职位的最佳人选。

电话面试

在你筛选完了之后,求职信的数量已经减少到一个可控制的范围,然后你就可以给筛选出来的应聘者发邮件,建议他们在特定时间给你打电话,进行一次电话面试。你可以通过电话选拔出80%到90%的应聘者,先不用花时间亲自面试。当他们打来电话时,问他们一些问题,特别是和你的招聘广告中的岗位介绍有关的问题。问问他们,为什么他们认为自己可以胜任这个工作。他们有过什么经历?他们过去做过同类性质的工作吗？取得过什么样的成果？他们有多少年的工作经验？

问问他们是否访问过你们公司的网站，然后问他们一些开放性问题。例如，"你对我们公司有什么印象？""你知道我们主要提供什么产品和服务吗？""你认为从哪些方面能够证明你适合这份工作？"令人吃惊的是，很多申请工作的应聘者从来没有访问过公司的网站，更不用说仔细研究了。这是一种简单有效的初选应聘者的方法。如果他们没有访问过你们的网站，就结束谈话，谢谢他们的来电，然后告诉他们，这份工作对他们来说不太合适。

值得一见的理想人选

你所寻找的是那些认真阅读和研究了你的招聘广告的人。他们曾做过笔记，仔细思考了他们如何才能胜任这份工作。他们不仅访问了你们的网站，还做了彻底的研究，了解了公司的规模、性质、结构、产品和服务。当你和他们谈话时，会发现他们知识渊博、兴趣广泛，和他们谈话很有意思。这些都是好迹象。

在一个普通的就业市场，你可能要浏览10到20份求职信才能找到一个值得一见的人选。这对招聘者来说是一场严峻的考验。每次面试过程中或面试后，你为公司招聘人才的能力既可能提升，也可能降低。

让招聘成功率达90%的"三法则"

"三法则"是一个非常强大的方法，利用这个法则，你可以提升你的招聘能力，让成功率高达90%。这个法则迫使你放缓招聘的过程，做出更加正确的决策。这个法则可以应用在以下4个方面。

面试三名应聘者

三法则的第一个应用是，在你做决定前，一份工作至少要面试三名应聘者。不管在第一次面试时，一个人给你留下的印象多好，都不要立刻给他工作机会。随着时间的推移，管理者会发现，在第一次的面试中，一些人把他们生活中最好的一面展现出来了。从那往后，他们的表现每况愈下，有些时候都不像同一个人。

如果你面试了三个不同的符合职位需求的人，你就有了三个不同的选择。可能一个看起来不错，一个很普通，而另一个则非常优秀。但是在所有的人选中，不管你多么喜欢一名应聘者，在下次面试前，都不要立刻做出决定。

面试三次

三法则的第二个应用是，对你看中的人至少要面试三次。很多公司在招聘时，即使是一个秘书职位，也会面试10到20次。他们知道，虽然在招聘的过程中花费了很长的时间，但是他们可以就此选出最优秀的人才，并且这些人才将会为公司工作很多年。

当你给应聘者第二次面试机会时，他们的警觉性就会大大下降。你就可以观察到很多你在第一次面试中根本没有注意到的东西。当你第三次面试的时候，你通常会非常吃惊地想，你之前竟然会考虑录用这个人。第三次面试的时候，你可以看到一些明显的缺点，这个人和前两次的表现有很大的差异，而这是你早些时候没有注意到的。

选择三个不同的面试地点

三法则的第三个应用是，要在三个不同的地方面试应聘者。人们往往都有所谓"变色龙效应"的倾向。当你带他们去别的地方的时候，他们会改变他们的个性，就像一只变色龙，如果你把它从一个地方移到另一个地方，它就会变色。一个在你的办公室表现得非常专业、放松、镇定的人，当你带他到街对面喝杯咖啡的时候，他可能会展现出完全不同的性格。

第一次面试你可以安排在办公室里；第二次可以在一间职工的办公室或楼下大厅的房间里；第三次可以安排在公司外面，在某个可以喝杯咖啡或吃顿午饭的地方。很多公司在录用一名员工前，一定会邀请这名应聘者及其伴侣一起出去吃顿晚饭。当你和人们去不同的地方时，他们通常会展现他们性格中不同的方面，有些时候是令人尊敬的，有些时候则不是。你面试的过程越慢，越有助于你做出正确的决定。

三个不同的人一起面试应聘者

三法则的第四个应用是，三个不同的人一起面试应聘者。这是我作为一名管理者学到的最有用的一条法则。作为一名年轻的管理者，一名企业所有者，我录用员工时，只面试一次。结果可想而知。我的公司成了一扇"旋转门"。员工来了就走，来一两天就走的都有。这种持续的人员流动导致公司一片混乱，员工士气下降，惶恐不安，而且随着时间的推移，公司付出了大量的金钱成本。

当我开始实行这个三法则时，我放慢了录用的过程，我的招聘能力有了显著的提升。但真正给我帮助的是第四个应用。现在，我面试某个人一次后，如果有意向录用这个人的话，我就会邀请这个人来，带他在办公室里转转，见不同的人。我每次都把可能被录用的新人介绍给公司的一名员工，如果被录用的话，这个人就可能成为他的同事。他们可能会一起闲聊，一起喝杯咖啡，偶尔也可能会一起吃午饭，然后，那名员工会把应聘者介绍给下一位同事，按照这种方法，一直进行下去。每一次的谈话都非常随意，采取一对一的形式，同辈人对同辈人，没有任何的威胁性，非常轻松。

在应聘者离开后，我把团队的员工组织起来进行投票。这次投票是坚持全有或全无原则。我们的规则是，所有人必须就录用这个人的事情达成100%的共识。必须全体同意要这个人，希望他可以加入团队。如果我们公司任何一位受到尊重的成员不同意，即使给出的理由无法让人信服，这名应聘者依然不能被录用。

让你的团队介入招聘

团队的介入会带来很多的好处。首先,如果你的团队成员参与了招聘过程,会比一名新员工突然加入他们,更能激发他们以后工作的积极性。否则,新员工有可能像一只闯入鸡群的狐狸,不仅会格格不入,而且会不被接受。

其次,如果员工有机会和应聘者谈话并对他们进行评估,一旦他们同意这个人加入公司,他们就会主动帮助这名新员工,从第一天开始就会帮助他,期望他获得成功。他们会从内心深处对那个人的职业发展产生兴趣。他们首先想到的是,在录用这个人时,他们的意见起到了实质性的作用,因此他们会尽一切努力确保这个人取得成功。

同样地,新员工从第一天开始就会发现自己和周围的同事交上了朋友。你团队的成员会介绍他们自己,在各个方面提供帮助,和新员工一起喝咖啡,带他们出去吃午饭,甚至在下班后会一起出去喝一杯。新员工立刻就被接受了,成为团队的一员,因为他是团队中的老员工亲自招聘进来的。

录用员工的SWAN准则

在录用员工这件事上,有4种人是你需要寻找的,分别是聪明的（smart）、努力工作的（work hard）、有理想的（ambitious）和讨人喜欢的（nice）人。这四个方面通常被称为SWAN准则，是以高管招聘专员约翰·斯旺（John Swan）的名字命名的。

寻找聪明的人

才智水平是预测员工是否会有良好表现的最完美的证据。有人从统计变量角度进行了研究，结果显示，根据应聘者的才智水平预测他是否会在新工作中取得成功，其准确率高达72%。应聘者越聪明，他就越可能成为这份工作的最佳人选。

才智水平包括一个人的教育背景，一个人接受的教育越多，他就可能变得越聪明；还有就是一个人的阅读量和不断的自我提升，都可以让人变得聪明。一个人书读得越多，通过视频、音频或亲自参加学习的课程越多，他们就可能变得越来越聪明，做事也越来越有效率。

我认识一位管理者，在区分好坏应聘者和选出优秀人才方面，他形成了一套非常有效的方法。在第一次面试时，他的第一个问题是："告诉我你看过的一些书，听过的一些音频课程或你亲自参加的一些讲座，以及你的职业发展规划。"

然后他会耐心地等待。如果应聘者回答不了这个问题，他会站起来，谢谢这个人的到来，然后把他送到门口，告诉他，这份工作不适合他。在多年的痛苦经历中，他发现，对继续学习、深造不感兴趣的人，从长远来看，很难在他的公司获得成功。

有一句古老的谚语说:"如果你没有进步,那你就是在倒退。"一个人如果不阅读,不提高他的技能,在如今高速发展的高科技时代,实际上就是在退步。要寻找聪明的人,而且必须是能够变得越来越聪明的人,会不断进步的人。

也许,衡量一个人是否有智慧的最佳标识是,这个人是否有好奇心。聪明的人会问很多问题。平庸的人只是坐在那里,设法告诉你你想听到的答案。而聪明的人想要更加了解公司,公司的产品和服务,公司的发展前景,整个行业的状况,以及如果他们来公司工作,他们怎么才能提高自己。他们也会问很多关于你的问题。他们对什么都感兴趣,总是非常忙碌。

寻找努力工作的人

寻找那些努力工作的人。在这里,可以看到80/20法则发挥了作用。现在80%的员工都是懒惰的。虽然他们懒,不爱工作,但是他们会千方百计寻找捷径,寻找少干活的方法。他们总是在最后一刻开始,但往往是第一个结束的人。他们把大量的时间浪费在跟同事闲聊和做自己的私事上。这对于他们的工作没有任何益处。

有一位作家把努力工作的人称为"佼佼者"(outperformers)。他们就像拉车的马,牵引火车的车头。正是这些佼佼者完成了80%的工作,取得了80%的成果。你的职责就是尽可能多地录用这样的员工。

为了确定他们工作有多么努力，你可以问如下这个非常实用的问题："有时候，为了按时完成工作，我们在晚上或周末必须加班。你对此有什么看法？"通过这个问题，你立刻就可以发现谁是懒惰的人。他们开始支支吾吾地说他们的个人生活和周末对他们来说有多么重要。他们会在工作日努力工作，但是他们不喜欢加班。静静地听着，然后记录下来。一个不会加班的人，在平时工作中也不会非常努力的。

这个问题的正确答案很简单："完全没有问题。"

一个努力工作的应聘者，为了把工作做好，一定会全力以赴的，不管需要花费多少小时，不管要用多少个夜晚和周末加班。但是人们可能会欺骗你，因此，在核对资料时，一定要问自己："从1到10，10个不同的等级中，你认为这个人的努力程度是多大？"

寻找有理想的人

最好的应聘者应该有理想、有抱负。他们想要取得进步。实际上，激励员工创造最大业绩的最有效的方法就是，鼓励员工通过完美地完成工作，取得成果，获得进步，有所发展。

在今天的就业市场上，你面试的人中，可能有人在过去几年里做了好几份工作。如果这位应聘者以前因为表现差被解聘了，那真是太糟糕了。但如果这位应聘者有理想、有抱负，换工作是他有意为之，目的是获得更多的机会，做更多的事情，赚更多的钱，那这个人可能很不错。

这个时候问这样一个问题："在未来的3到5年，你的理想是什么？"

很多人会回答说："我要取代你。"

这个问题的最佳答案是，他们想要有一个努力工作的机会，让自己得到提升，通过自己的表现来得到更高的薪资。他们甚至会问，如果想要尽快赚更多的钱，必须做什么。你可以给这种人指明方向，他们会抓住一切机会，努力工作。

寻找讨人喜欢的人

招聘时，你寻找的第四个品质是这个人一定要讨人喜欢。你在这方面一定要自私一些。你录用的人一定要是你喜欢和欣赏的。绝对不要录用那些性格恶劣的人，不要想着其他人也许会喜欢或容忍这样的人，就因为其专业技能录用他。

谨防只会说不会做的人

在寻找讨人喜欢的人时，要谨防那种只会说不会做的人。这种人现在到处都有。他们不停地面试，不停地换工作，然后扰乱工作场所。他们已然成了管理者最糟糕的噩梦。

每位管理者总会遇见或录用一个或多个这样的人。这种人只有一项能力：他们擅长面试。他们乐观、友好、魅力无穷且有幽默感，会问你许多关于你的问题，似乎对你和你的个人经历非常感兴趣。你几乎立刻就会和他们熟络起来。但是，面试表现好只是一种技巧。

　　一旦你录用了一个只会说不会做的人,你将会发现,这个人从来不会带来任何有价值的成果。这种人非常狡猾,总是能够编出各种令人难以置信的借口和推托之词。他们不完成工作总是有自己的理由。他们也总是喜欢吹牛,说他们即将开展一项非常伟大的工作。他们非常热情,总是主动和每个人交朋友,通常非常受欢迎,至少在短期内是这样的。但是他们从来不干任何有价值的事情。

　　更糟糕的是,在3到6个月后,只会说不会做的人就会来找你,拿着一张列表,上面写满各种各样的借口和理由,解释为什么他们不得不放弃他们还没有完成的工作,但同时他们竟然还要求涨工资。他们会想尽办法劝说你,会对你说,如果他们的薪水解决了他们经济上的困难,他们会干得更好。

　　根据我的经验,大约需要6个月的时间才能判断一个人是不是空口说白话的人。在那段时间,你会经常摇头,偶尔还会抓头发,因为你不是很清楚发生了什么。直到你意识到你被一个专业面试者欺骗了,你浪费了时间。这时应该立刻开除这个人。如果你现在就有这样的经历,或者你在过去已经有过这样的经历了,不要为此难过。这是作为一名中层管理者必然要经历的,不可避免的事情。

了解对方过去取得的成就

当你面试应聘者时，一定要了解他们过去取得的成就。如果你现在录用了他们，必然希望他们能够在将来创造出你想要的成果，他们过去取得的哪些具体成就可以证明，他们能做到这一点？记住，人们对自己的评价都源于他们对自己未来能做什么的认知。但是你在评价他们的时候，必须根据他们过去的表现来评价他们。从过去的表现可以推知将来的表现。

在一位优秀应聘者身上，我能发现的一个最佳的品质就是"紧迫感"。应聘者想要这份工作，非常想要，想要立刻就开始上班。这也可能是一种假象。通常，人们在面试时都对工作表现得非常积极，但是当你问他们什么时候可以开始工作时，他们却开始说，他们需要几个星期的时间和老板辞职，或者想要在开始一份新工作前休个假。无论你什么时候听到这些回答，都应该敲响警钟。

如果这个人真的是你和你们公司的合适人选，那么这个人一定会非常渴望尽可能快地开始工作。好的应聘者会考虑如何尽快离开现在的工作，甚至会在晚上或周末的时候来公司做兼职，以便他们将来到公司做全职工作时能够尽快跟上进度。任何说需要再考虑，会延期到岗或者想休假的人都应该立刻被排除掉，不再予以考虑。

不要急于"推销"这份工作

关于面试,还有一个观点值得一提:在你"购买"前,先不要开始"推销"。在你还没有说服自己录用这个人之前,先不要急急忙忙地介绍这份工作所能带来的快乐及公司的辉煌成绩。

很多管理者在招聘时都犯了这样一个错误,把工作面试弄得和销售人员推销商品一样。他们没完没了地介绍公司的员工有多么优秀,在这里工作对员工来说前途是多么光明。他们想方设法让应聘者感受到这家公司是多么伟大。

阐释公司拥有的优良品质,告诉应聘者选择来这里,为本公司工作是多么明智的选择等,做这一切是有最佳时间点的,就是在面试以后。当你感觉这个人很可能成为你的一个候选人,而这个人也对公司的未来表现出很大的好奇心,想知道更多的信息,这时你再介绍也为时不晚。

仔细核查应聘者的资料

一旦你决定了要聘用一个人,或者在这之前,你都应该好好检查随简历一起寄来的资料。大约有60%的简历都有某种程度上的伪造内容:夸大教育经历和取得的成就,过分吹嘘曾拥有的权限和承担的责任,夸大工资水平。不管你多么喜欢这个人,绝不要接受不真实的事情。

有一个好主意，就是你可以告诉应聘者："我们将会做一个彻底的背景调查，核实你简历中提到的相关信息。在我们开始调查前，你有什么要告诉我们的吗？"

这个简单的问题通常会暴露一些不好的事情，一些是你可以处理的，一些则是极具破坏性的。发表上述声明可以节省你很多时间，也可以为你免除核查简历的麻烦，同时可以有助于你发现一些致命的缺陷。

期待慎重的回应

当你跟踪了解简历中提及的推荐人时，记住，大多数上司因为害怕被起诉，都不愿意对曾经的员工给出消极的评价，不管是哪种。他们总是非常小心谨慎。通常只会按照指示说一下这名雇员的工作时间和职位。

如果一个人即将直接为你工作，那么一定要亲自核查他的简历。你不能把这件事推给你的秘书或一个下属去做。你需要能够和另一家公司处于同等职位的人直接对话，了解一些在面试中被提及的内容，以及一些在面试中没有被提及的内容。

寻求帮助

当你和简历中提到的推荐人通话时，先介绍一下你自己，然后告诉对方你是你们公司的中层管理人员，你现在正考虑招聘某个人，这个人即将成为你公司的一员。和对方说这样的话："我需要你的帮助。"

第七章　选择合适的员工才能创造最大业绩

告诉对方你正在招聘的候选人要来做的工作。问问对方，认为候选人在这份工作中可能会表现得如何。尽量少说，仔细倾听。

有如下两个问题是你应该问的，通常会让你得到非常宝贵的意见。

1．"现在你还会再次录用这个人吗？"从法律角度来看，人们可以直接、诚实地回答这个问题，而不必担心被起诉。如果他们说他们不会再次录用这个人，你可以问："能告诉我为什么吗？"你可能会得到答案，也可能不会，但总是应该问一下。

2．"关于这个人，有什么是我应该知道的？"在你挂断电话前问这个问题。有些时候，这个问题的答案会给你提供非常重要的信息，让你做出更加明智的录用决定。

慢慢做出决定

一旦你结束了面试，做足了功课，就要做出最后的聘用决策了，这时，停一会儿，花点时间深入思考一下，不要急于做出决定。

我曾经和一位管理者合作过，他非常有名，多年来，总是能够录用到非常杰出的员工，在公司里，这些员工持续不断地取得进步，成为公司宝贵的财富。他的秘诀很简单："不管我多么喜欢一个人，在我决定录用他之前，都会等30天。"

至少，在你做出决定之前再考虑一下。如果可能的话，我经常鼓励应聘者也考虑一下。"用几天的时间仔细考虑一下，如果你仍然非常想要这份工作，那么在星期一下午三点左右给我打电话。"

听从你的直觉

你能做得最好的事情就是跟着直觉走。听从你"内心的声音"。相信你的直觉。如果你听从你内心的声音，你可能就不会犯另一个错误。如果因为任何原因，你不确定，或者对于录用某个人的想法感到不舒服，那就不要录用这个人。早晚你会发现，这种内在的感觉或者"直觉"是非常正确的。不要违背你的直觉。

帮你做出录用决定的有效方法

如果你还是需要帮助才能做出决定，试试"20年方法"。想象一下，在未来的20年，你每一天来工作都要看见这个人。想象一下这个人将在你的工作中和此后的职业生涯中长期存在。你有什么感觉？当你问自己这个问题时，你可能会发现，一想到要和这个人一起工作20年，你就感到非常难受。这个想法可能会让你彻底明白做出什么样的决定才是正确的。

你也可以用"家庭成员法"。如果在星期日的晚上，把这个人带回家和家人一起吃晚饭，你会有什么感觉？让这个人出现在你们家晚餐的餐桌上，你感觉舒服吗？如果你的儿子或女儿在这个人手下工作，你高兴吗？如果不，为什么？

　　原则是，你做决定的时间越长，你所做出的决定越正确。作为一名中层管理者，要有能力为自己的团队录用合适的人选，这是你应该着重发展的最重要的技能。幸运的是，只要你能放慢速度，遵循本章介绍的想法和建议，并经常回顾你曾做出的录用决策，认真研究每一次的录用产生的后果，你就会变得越来越擅长招聘工作，也能录用越来越多优秀的员工。

行动练习

1. 考虑一下你的团队中表现最优秀的人。他们有什么共同之处？

2. 认真考虑你的团队中表现最糟糕的人。他们又有什么共同之处？

3. 询问你的团队成员的意见。你的团队成员参与招聘后，你能得到的最大好处是什么？

4. 在招聘人才时，（在纸上）记录你想要寻找的最重要的品质。

5. 评估应聘者以前所取得的成就，因为这可以推知他以后的表现。

6. 当你想为某一特定工作寻找一个理想的候选人时，列一张表，写出你想要的所有性格品质。哪一个是最重要的？

7. 仔细思考这个问题：现在为你工作的这些人，在你了解了他们后，哪个人是你不想再录用的？

FULL

ENGAGEMENT

Inspire, Motivate,
and Bring Out the Best
in Your People

第八章

成果就是一切

如果你为了你的目标去奋斗，你的目标也会为你奋斗；如果你完成了你的计划，你的计划也会成全你。我们所创造的一切美好最终又反过来成就了我们。

吉米·罗恩
（Jim Rohn，美国最杰出的商业哲学家、成功学之父）

在本书中，你已经学会了如何激励你的员工。你已经学会了如何提升他们的自尊心、自我理想和自我形象，学会了如何消除恐惧，让他们感觉自己是胜利者。但是，作为一名中层管理者，你的工作并未完成，还有很多事情需要你做，以便让员工感受到自己的重要性。你的目标——你的终极目标——是取得成果。

成果就是一切。

对所有的公司来说，成果是开始，是过程，也是结束。当公司多名员工通力合作，在才干和能力上实现优势互补，实现了一个人独自工作不可能实现的目标时，这就是你取得的成就。如果没有成果，那么员工有多么喜欢他们自己，感觉他们自己多么重要，也就没有任何意义了。

记住，你不是一名啦啦队长，你也不是一名生活教练。你是一名中层管理者，是一名领导者。你的职责是获得成果。

你最想实现的成果是什么

你想要什么样的成果？在所有你期待的成果中，哪一个是最重要的？如果你只能非常完美地实现一个成果，那这个成果是什么？为了确保你的公司或者部门获得成功，哪个成果是你必须实现的？

成绩应该是具体的、可评估测量且有时间限制的。它们简单而清晰，解释给小孩子听也没有问题。爱因斯坦曾说过："如果你不能向一个6岁的小孩子解释清楚你目前正努力要完成的事情，那么很可能你自己也不是很清楚这件事。"

把你的想法记在纸上。列一张表，把你在目前职位上想要获得的成果都列出来。按优先顺序排列好。选出一个要实现的成果，这个成果和任何一个单一成果相比，将会给你的事业和成功带来更大的影响，只要你实现了它。

成果要可测量

你怎么知道你已经实现了这个成果？如果这个成果很大或者是长期性的，为了获得最终的成果，你必须实现的中期目标或采取的临时测量标准（就像楼梯的台阶一样）是什么？为了实现你的目标，正是对中间步骤深思熟虑的过程简化之后的实现过程，也加快了整个进程的速度。正如亨利·福特所说的："任何目标都可以实现，只要你把它分解成足够小的步骤。"

力求完美。为你和你的团队制定宏伟、艰难和大胆的目标。"怀揣伟大的梦想；只有伟大的梦想才能有力量撼动人类的心灵。"

即使你只是建立或经营一家小公司，或者只是负责整个生意的一部分，想象一下，要想达到世界水平，占据市场的主导地位，你必须要做些什么？

当我和一些企业家及想要成为公司老板的人谈话时，他们总是问我，他们需要做些什么才能够取得成功？我一遍又一遍地告诉他们，成果就是一切。你必须投入全部身心促使你所负责的工作获得其最重要的成果。

实现你所许下的承诺

不管你销售什么，潜在的客户总是会问一个问题："有用吗？"你的产品和服务真的展现出了你所描述的好处了吗？真的会如你所说的，你的产品或服务会重复、持久地起作用吗？一代质量管理大师菲利普·克罗斯比（Philip Crosby）对质量的定义是："当你卖出你的产品或服务时，它们会兑现你的承诺并会持续下去。"你的"质量等级"就是你这一承诺能够实现的次数的百分比。

在对品牌的定义中，我最喜欢的一个是，品牌要包括两件事：许下承诺和履行承诺。你的个人品牌——人们对你的看法——是你取得成功和获得奖励的关键因素。你的个人品牌主要由你许下的承诺（你承诺获得的成果）和你履行的承诺（也就是说你已连续获得的那些成果）两部分构成。

对于成果来说，清晰性至关重要，连续性是关键。如果你能连续获得成果，一遍又一遍，从不间断，哪一个成果对你和你的公司最有帮助？哪一个成果会给你的公司带来最积极的影响？不管它是什么，写下来，制订一个计划，每天都全力以赴地去实现那个成果。

商业管理的"三法则"

我曾和数千名商业人士有过合作，在合作中，我发现了商业管理的"三法则"。从整体来看，你的公司做的三件事就可以说明你们公司90%的价值、销售情况、收益状况、工资水平、收益率及发展情况。随着经济、市场和顾客喜好的变化，你为顾客做的三件事也要随之改变，但是通常只有三件。这三件事可能是：①新产品或新型服务；②积极而有效的营销策略；③杰出的客户服务。在动荡的时候，当你在市场上遇到对手或生意下滑时，要想和其他渴求相同客户群的同类公司进行竞争，那么就必须花些时间，确定客户最关心的且愿意花最多的钱享受的这三件关键的事情，这一点非常重要。

另外，有一个主要的成果是你必须获得的，另外两个结果是获得主要成果的必要补充。对你的公司来说，它们都是什么？例如，关键的成果可能是销售量，补充成果可能是为了吸引潜在客户的有效营销，以及为了把潜在客户转化成真正的客户而进行的有效销售。

你个人的"三法则"

在你个人的工作中，三法则同样可以发挥作用。你只需完成三件事，就可以为公司做出巨大贡献，所占份额是你所有贡献的90%。它们是什么？

根据这个法则，除了这三个你要实现的最重大的成果之外，其他任何事情——你大多数的活动——仅仅构成了你所做贡献的10%，或者更少，也许一点也没有。

避免阻碍前进的精神陷阱

有两个精神陷阱会阻碍你和你的员工的前进。当你们为了满足最大数量的客户的需要，需要你的员工完成最具价值的任务，实现最重要的目标时，这两个陷阱就会出来拦路，它们是：①舒适区；②自然发展道路。

舒适区

人们很容易就会陷入舒适区的陷阱，就和每次你喝咖啡时都会不由自主地选择同一种方法冲泡一样。你所做的绝大多数事情——占95%——是由你的习惯决定的。有句话说得好：

"好习惯养成难,但接受容易;坏习惯养成容易,但接受难。"

习惯的好处是,它们可以让我们的日常工作变得简单易行,无须仔细思考,不假思索就可以完成。这样的习惯让我们的大脑不被琐事烦扰,可以有更多的精力去负责棘手的工作。复杂的工作需要发挥创造力和积极性,使用常规的方法或装装样子、走走过场是无法完成的。

在工作中,如果你习惯了做那些几乎没有任何价值的事情,而不是约束自己不贪图简便,去做一些真正有意义的工作,那么你的习惯很可能会让你自暴自弃,不思进取。

所有的改变和提高都需要拆除舒适区的藩篱,不要一直做一些细枝末节的、简单易行的且令人舒服的,相互之间没有任何联系的任务和活动,要约束自己,专心做三个可以为你和你的公司创造最大价值的最主要的工作。舒适区就像万有引力,它不停地向下拽你,让你去做你过去已经驾轻就熟的工作,即使这些活动没有任何的帮助和作用。

不管何种改变,都是非常困难的,即使是大家都赞同的积极变化也一样,这是因为人们被困在了舒适区里,下意识地拒绝尝试任何新鲜的、不同的事情。

自然发展道路

这第二个陷阱是舒适区的孪生姐妹,它们总是一起行动,互相支持。自然发展道路可能是个人和公司获得成功的最大敌人。有人说,人往往寻找最快、最简单、可以立刻获得自己想要的东西的方法，几乎不考虑他们的行动会带来的长期影响。换句话说，绝大多数人都会寻找最省力的办法执行任务，实现目标。

这种倾向是有帮助的，它可以找到更快、更好、更便宜且更便捷的方法来完成任务，生产产品，提供服务，满足客户需求。但它也是有害的：引诱人们偷懒，每天花一半的时间和同事闲聊，浏览网页，花很长的时间喝咖啡，吃午饭，做私人的事情或从事其他活动。公司聘用他们是为了实现更大的目标，他们表现出来的上述行为根本无益于这些目标的实现。

要避开或者逃离陷阱，你唯一能做的就是去了解它。舒适区和自然发展道路每天时时刻刻都在召唤你、引诱你。你必须有意且坚持不懈地抵制它们的诱惑，集中精力做几件可以给你生活和事业带来巨大改变的事情。

为获得成果制订计划

这里有一个简单的练习，列出你期望获得的所有成果，然后问自己："如果我只能完美地实现这张列表中的一个成果，哪一个对我的公司最有帮助？"

把这个成果圈出来。然后，再问一个问题："如果只能实现这张列表中的两个成果，那么第二个我可以完成的最重要的成果是什么？"也在那个成果上画个圈。

然后，再做一遍。在你的列表中，第三个可以给你和你的公司带来最大贡献的成果是什么？

在做这个练习时，你会很吃惊地发现，这三个成果对你来说是多么重要，其他的任务活动又是多么次要，多么无足轻重。

这个练习的下一步就很明显了。为了实现你期望的最重要的成果，再列一张单子，把你每天或者每个月要做的每一件事都写出来。写下你所有的任务和活动，从星期一上午到星期五晚上，把你整个星期里每天要做的事情都记录下来。一旦你完成了这张清单，检查一下，然后问这样一个问题："如果我只能完成列表中的一件事情，在实现我渴望的最重要的成果的过程中，哪件事情的作用最大？"

在你的列表中圈出那件事。然后再问自己一个问题："如果我只能完成列表中的两件事，第二件对我帮助最大，会为我和我的公司做出最大贡献的事是哪件？"

在第二个任务上也画一个圆圈，然后再问一个问题。第三件事是哪件？

这个练习的最后一步也很简单。一旦你确定了你可以获得的三个最重要的成果，确定了要获得这三个最重要的成果需要去做的三件最重要的事，那么选出一件能够帮助实现你最重要成果的最重要的事，立刻行动起来。然后，严格要求自己，一心一意地完成那个任务，即使完成它会花费很长的时间。在这个任务完成之前，不要去做其他的事情。

获得成功的关键练习

我对个人效能、个人效率及个人绩效研究了数十年，在研究中我发现，在这三个方面进行看似简单的练习，是你获得成功、取得成绩及实现自我的关键，也是你得到更高的薪水和职位的关键。特别是，这个练习在增强你的自尊、自信，给你带来荣誉方面也起着非常重要的作用。如果你想要充分发挥你的才能并成为最有价值的人，我强烈建议你做一下这个练习。

当你正投入全部精力做一件最重要的事情，而且这件事还是你力所能及的事情时，你一定会对自己感到更加满意。你的大脑会释放内啡肽，这种物质不仅会带给你快乐，也会让你更有创造性，更加受欢迎。你会发现你拥有了无穷的能量，它能激励你创造更高的业绩，取得更卓越的成绩。在执行最重要的任务时，养成有始有终的好习惯，这不仅有助于发挥你最大的潜能，而且也能够给你的事业带来快速的发展。

让每个人都集中精力获得成果

一旦你自己完成了这个练习，确定了你可以完成或获得的最重要成果，以及获得这些成果需要完成的最重要的事和任务，那么接下来，用这种方法，把你所在公司或部门的员工组织起来，为他们制订计划，让你周围的每一个人都做这个练习。为了让他们为你的公司做出最大的贡献，帮助他们确定对他们来说最重要的三个成果，确定获得他们最重要的成果需要完成的三个最重要的任务，以及当前他们可以全心全意去完成的那个最重要的任务。

确定哪些工作可以获得你期望的成果，然后你要先开始你自己的计划，或者重新进行规划。因为有些时候，一个人可以获得你列表中的多个成果。找一个拥有多种技能、经验丰富且可以完成多项任务的人。当你开始创建一家公司时，这一点至关重要，这样做不仅会削减开支，还会节省资源。

获得必要的成果所需的技能

为了实现你的整体目标，一旦你确定了首先要获得的必要成果，你就需要再列一张清单，列出你的员工获得这些必要成果必须具备的一项或多项技能。而这取决于你的预算和你所具备的条件，行动的最佳方案可能是寻找一个拥有多种技能，可以获得多项成果的人。这样一个人可能需要你付给他更多的薪水，但这比你雇用两个或更多的人做这项工作要好得多。

这儿还有一个练习你可以试一下：要想明确你需要获得的成果，试着把它们记在即时贴上，然后粘在一张大的纸上或你面前的写字板上，或者你可以将这些成果作为标题，写在每张纸的顶部。这些就是你期望获得的成果。接下来，为了确定获得这些成果所必需的技能，你可以用小一点的即时贴，列出所需的技能，垂直排列在作为标题的成果的下面。

完成了你需要的成果直观图，以及获得这些成果所需技能的直观图，你就可以按照优先顺序排列这些技能。哪一项更重要一些？哪一项不太重要？哪一项是最基本的？哪一项很有用，但不是必需的？

设计了一个需要获得的成果的直观图，以及所需必要技能的直观图后，你可以随意调整这些即时贴的位置，直到你对需要完成的工作，以及一名员工完美地执行这项工作所需具备的技能有一个清晰的概念。

确定完成任务的最佳人选

你必须确定，一个或多个需要完成的工作是否可以联合起来，由一名员工来完成。你要经常考虑的是如何扩大某个职位的职责，而不是考虑扩大你的员工队伍。

当你开始运营一家新的公司或者到了一个新的部门，你一定要先确定应完成的任务，然后决定到底由谁来做这项工作。例如，当两个或者三个合伙人开创了一项新的业务，或者当你开始一项业务，你已经有一名或者多名员工了，你一定要明确有哪些必须履行的职责。然后，根据经验和能力，确定哪名员工最适合履行哪项职责。

当威廉·休利特（William Hewlett）和戴维·帕卡德（David Packard）在加利福尼亚州的帕洛阿尔托创建惠普公司时，他们都是有着广泛知识背景的工程师。但是他们从一开始就决定由休利特负责产品开发，比如他们的第一个示波器，而帕卡德将集中精力推销他们的产品。休利特主理公司内部事务，帕卡德主理外部事务。这种职责分工，在惠普建立之初就确定了下来，这让惠普公司成长为世界级公司，现在已拥有12万名员工。惠普公司也用同样的原则来分配工作，根据所需履行的职责，安排最擅长该项工作的员工来完成。

为什么付他薪水

当你创业时，有一个问题非常重要，是每个生意场上的人都会问的，那就是："为什么付我薪水？"聘用你到底是为了实现什么？在你渴望做的所有事情中，哪一个是最重要的？

你应该学会三法则，帮助所有为你工作的人分析他们的工作，确定他们能够完成的三件最重要的事情，日复一日地经常这样做，可以让他们为公司做出最大的贡献。员工列举了他们从月初到月末要做的每一件事了吗？根据他们自己的评估，按照优先顺序安排这张列表了吗？是否每名员工都把这张列表拿给你看了，然后和你一起讨论了他得出的结论，是否就他安排的优先顺序和期望的成果进行了评估？

相当令人震惊的是，很多人实际上并不知道为什么要付给某名具体的员工薪水。他们只是大致了解每名员工的工作概况，但是他们真的一点也不清楚这个问题：为什么付他薪水？

帮助员工制定工作优先顺序

通常，当我给很多的管理者演讲时，我都会向他们介绍一个游戏。这个游戏名为"保住你的工作"。我告诉他们，在我解释完游戏规则之后，他们可以决定是否想玩这个游戏。

下面是游戏的规则：首先，我请管理者列一张清单，写出所有向他们报告工作的员工名字；其次，管理者再列一张清单，上面列出第一张清单上的每名员工被雇用来要求完成的三件最重要的事情，按照重要性，确定优先级别最高的任务。

一旦员工确定了，并且每名员工名下都写上了三个最重要的任务，就可以开始第二步了，这一步很简单。我告诉他们，当我去和他们的员工谈话时，他们必须坐在这里等着。我会请员工写下他们认为老板为什么付他们工资，以及他们要完成的最重要的三个任务是什么。如果每名员工的答案和各自的管理者所写的答案一致，那么这些管理者就"保住了他们的工作"。

然后我问："现在谁想要做这个游戏？"我介绍这个游戏和游戏规则好多年了，但从来没有一位管理者举手要参加这个游戏。

也许在所有的动机中，对所有员工个体来说，最强有力的，正如我一遍又一遍重复的，是彻底弄清楚他们应该做什么，优先顺序是什么。为了提高生产效率、绩效和员工士气，你可以做得最仁慈、最有帮助的事情就是，坐下来花些时间，和你的员工一对一地核查他们的职责，帮助他们制定清晰的优先顺序，确定哪一个最重要，哪一个是次要的。

主要职责和次要职责

在我自己的公司里，以及和我合作的公司里，尤其是在当今这个不断变化的时代，工作说明往往刚被书写出来就已经过时了，我们每天都要问自己："老板为什么付我工资？"

具体情况是这样的。员工被要求详细地写下他们自己的工作说明。在这份工作说明中，他们首先要写下他们的主要职责。这三个主要职责——通常都是三到五个——是授权给他们，他们必须完成的三个最重要的事情。这就是老板为什么付他们工资的理由。这就是他们能够为公司创造的最重要的贡献。

另一类被称为"次要职责"。在这张列表中，员工记下所有他们能够做的小事，以及一些不属于他们主要职责的补充性活动，但是这些也是他们的任务和职责所在，在任何有需要的时候，也是必须完成的。

诸如接电话一类简单的事情

有时候，一个次要职责可能是像接电话这样简单的事情。例如，当我在旅行的时候，我就给办公室打了好几次电话。在电话响了几声后，我的电话就被转到了公司的语音邮件系统，然后请我"留言"。

我们的公司像大多数公司一样，很大程度上依靠顾客打电话下订单，但当我打电话时，却无法打进我自己的公司，这种情况引起我很大的关注。当我旅行回来时，我召开了员工会议，讲述了我的经历。我告诉他们，如果在上班时间，公司的老板打的电话都没有人接听，那么当顾客打电话来下订单时，同样的事情必然会发生在他们身上。这种情况正在破坏我们的销售，浪费了大量的金钱（更不用提对我们声誉的损害了）。到底是怎么一回事？

每个人都是无辜的

大家面面相觑，小声嘟囔，每个人都含糊其词，最后发现，问题在于：每个人都认为自己准确地按照指导在做他们的事情。没有人认为自己应该为这件事负责，因为没有人告诉他们，当接待人员或客服部的某个人不能立即接电话时，他们也应该接电话，没人告诉他们这是他们应承担的次要职责。

根据我的经验，由于管理者的指导不善或员工的误解，产生这样的问题时，实际上谁都没有错。没有人会内疚，没有人会被责备或被惩罚。在这件事上，像接电话这样的次要职责都被大家忽视了，没有人意识到这一点。但这却是一个必须解决的问题，一个必须马上解决的问题。

我们立刻达成了一致，制定了一个特定的接电话顺序。当电话铃响第一声时，接待员接，然后转给电话要求联系的人。如果接待员离开了，或者正在接另外一通电话，在电话铃响第二声时，专门安排了另外一个人负责接电话。如果电话铃响了三声，表明前两个人都正在接电话，那个时候也专门安排了一个人接电话。另外，如果员工不在办公桌旁，或者当电话铃响起的时候，他们不能接电话，就要负责提醒其他人，接电话现在是他们要承担的次要职责。在几个小时内，这个问题就解决了，此后再也没有出现过电话无人接听的情况。

每个人都熟知自己的工作

要求所有员工写出他们的工作说明，分两部分，在一张纸的上半部分写出自己的主要职责，在纸的下半部分写出自己的次要职责，一写完就让他们把各自的工作说明给团队里的每名成员复印一份。然后，我们大家聚在一起开会，员工把他们的工作说明发给大家。

我们大家会一起来审查这些工作说明。每名员工都介绍了自己的工作，工作的优先顺序。为了实现目标，他实际要做的事情，以及他现在面临的问题或困难。鼓励团队的每名成员就这个人的工作说明提问题，进行讨论。在讨论结束时，每个人都十分清楚那个人应该做什么，以及优先顺序是什么样的。

接下来，我们讨论第二个人的工作说明。一旦这个人介绍了他的工作，并经过了大家的彻底讨论和评估，我们就看下一个人的，以此类推。会议结束时，每个人都很清楚其他人正在做的工作，了解他们工作的优先顺序，并了解了如何评估测量他们的工作。

公开探讨，消除困惑和矛盾

在你第一次做这个练习时，你可能会非常吃惊地发现，员工对其他人正在做的事情很困惑，不清楚别人在做什么。有人可能会有这样的印象，其他人的次要职责是他们的主要职责。有人会了解他们自以为的主要职责其实根本和他们无关，那是其他人的工作。也有员工会发现，次要职责实际上才是老板付他们工资的真正理由。

在这个过程中，大家通过公开探讨，一起解决所有的这些矛盾。在会议结束时，所有的员工都应该更加清楚他们的位置，他们工作的重要性，最重要的是，知道其他员工现在正在做的事情，以及他们做事的优先顺序。

因为工作描述和职责的持续变化，不管什么时候，你发现某些任务开始有被忽略的倾向，或者根本没有被完成，或者完成得不好，你都应该召开一个以"为什么付我薪水"为主题的会议。这个会议的结果是节省一大笔资金，不仅会避免成本的浪费，顾客的流失，生意的失败，也可以避免时间和精力的浪费。

创造突破性业绩的5个关键因素

创建一个可以创造突破性业绩的工作环境有5个关键因素。这5个因素，经过了多年详尽彻底的研究验证，并已经在大大小小的公司中得到了实际验证。它们的应用非常简单，在创建理想的公司或积极的工作环境时，你都可以把这5个因素考虑进来。

共同的最终目标和短期具体目标 每名员工都需要确切了解公司或部门为什么存在，要取得什么成就，最重要的成果和具体目标是什么，以及为什么要制定这样的成果和目标。

允许员工对公司的总体目标和具体目标进行讨论和争辩，允许他们说出不同意见，这样的机会越多，他们就越清楚为什么老板付薪水给他们，他们也就会下定决心，与其他同事齐心协力，努力实现目标，达到预期的目标。

共同的价值观 团队中的每个人都应该非常清楚公司的基本准则或价值观，这决定了团队成员彼此之间的交往和联系。这些价值观存在的形式多种多样，可能是被明确阐释的，也可能仅仅是一种理所当然的存在。但是不管如何，每个人都必须清清楚楚。

当你写下这些价值观和美德时，详述这些价值观和美德，并阐释它们的意思，尤其是要说明在日常工作中如何表现它们，这样你就会大大提高员工对这些价值观的认可度，同时大大提高每一名员工按这些价值观行动的可能性。下面是一个练习，可以帮助你阐释你的价值观。

- 召开会议，请每名员工列举5条他们认为最重要的价值观。这些价值观应该是他们和其他团队成员交往的行为准则。让员工大声朗读他们的价值观。当他们读的时候，让某个人在活页纸或白板上记下来。很快你就会发现，在他们的价值观中，有很多都是重复出现的，例如正直、良好的品质、卓越、尊重他人和有责任感等。

- 选出3到5条价值观。当你记录下这些价值观时，在重复的价值观旁边做一个标记。在练习结束时，你会发现，有3到5个价值观比其他任何价值观都受欢迎。然后，你再让员工在这3到5个得分最高的价值观中，挑出3个他们认为最重要且最有用的价值观。具体做法是，以员工个体为单位投票决定，从大家列举出的主要价值观中选出3个最重要的，快速地总结结果，看看哪些价值观最后"赢得了"这场受欢迎程度大赛，把获胜的价值观写在白板上，让每个人都可以看见。
- 讨论如何在日常工作中体现这些价值观。讨论各个价值观的重要性，例如诚实、互相尊重、有责任感、高质量工作、守时等。
- 达成共识。一旦每个人都有机会就哪些价值观最重要提意见，每个人都有机会投票决定——这些选票推举出了最受欢迎的价值观，员工在这些价值观上就达成了共识。当每个人都有机会讨论这些价值观在实践中的真正意义时，你就营造了一种高度敬业的工作氛围。从这一刻起，每个人在他们所做的每件事中都会全身心去实践这些价值观。这些价值观成为敦促你采取行动的巨大动力，和它们晦涩不明时相比，你解决问题和做出决策的速度会变快许多。

共同的行动计划 这让我们再次回到了那个问题："为什么付我薪水？"为了实现最大业绩，每个人都要知道团队中的其他人正在做什么，他们做事的优先顺序及他们的计划。这一点非常重要。员工对他们周围的每个人所做的工作知道得越清楚，他们就会变得越积极、越有动力。

另外，如果人们知道团队的其他成员应该做什么，他们和团队其他成员的合作也会更融洽，也更愿意帮助其他人。他们将会认识到，当一个人不堪重负时，应该予以帮助。他们将会就如何更快、更好地完成工作提供意见。每名员工对他人的工作了解得越透彻，工作就会完成得越快，越有效率，犯的错误也就越少。

团队的领导力 作为一名中层管理者，从现在开始，帮助你的团队成员履行他们的责任。你不是一名"乐队指挥"或"军队长官"，你应该是一名"拦网队员"。你的工作是确定每名员工都拥有他们所需的资源，用一切可能的、最好的方法清除阻碍他们成功的障碍。

作为一名管理者，你面临的主要问题是："我能提供什么样的帮助呢？"

当然，你有你自己的工作要做，但是作为一名中层管理者，你也有责任确保其他人都能又快又好地完成他们的工作。通过为大家提供帮助，你成了人们心中非常重要的伙伴。这有助于培养敬业精神、奉献精神和忠诚感，其他人也会因此想要帮助你，帮助其他员工创造辉煌的成就。

经常进行评估和表扬　最优秀的团队成员都致力于取得成功，把工作干好。如果由于某种原因，某些人没有履行他们的职责或者无法完成公平分摊给他们的那部分工作，优秀的团队会开诚布公地处理诸如此类的问题和分歧。

你应该经常问这样的问题："我们现在进展得怎么样？"在人们接受了你提供的服务，使用了你生产的产品后，生意状况如何？在整个团队协调运作得很好的情况下，你做得如何？最重要的是，你怎样才能提高？要想获得更好的成绩，你应该做什么呢？为了提高业绩和生产效率，什么是你应该做的？什么是你应该停止的？

所有的工作，都存在着一连串的"前进两步，后退一步"的情况。你不断地得到反馈，然后调整，再次返回到正确的轨道上来。没有哪个过程是完美无缺的。误解和错误在工作中是不可避免的，也是无法逃避的。

从解决办法开始思考

也许，你能传达给你自己和你的工作团队的最重要的态度就是："以结果为导向。"每天，各种难以避免的问题和困难层出不穷，你要鼓励每名员工从这些问题和困难的解决办法入手并进行思考。不要总是找借口或追究谁应该负责，你应该做的是寻找问题的解决办法，明确现在立刻做些什么才能解决问题，继续前进，获得预期的成果。

如果经常鼓励员工对问题的解决办法，以及为了获得成果应该采取哪些行动等，不断地进行思考，那么员工在思考时就会变得更加积极，更有创造性，并且会不断地取得进步。不要总是担心会出错，也不要总是想着谁完成了，谁没有完成，大家应该考虑的是如何纠正当前的错误，把事情导入正轨，取得更直接的进展。这样自然而然地就会产生一种积极的、有创造性的且乐观的世界观，缔造一个具有最大效能的团队，让员工从内心深处为自己身为这样的团队的一员感到快乐。

缔造你自己的理想团队

作为一名中层管理者，你的职责就是花时间认真思考，为你的团队构建一个理想的结构体系。认真思考所有必须获得的确切成果，以及为了获得主要成果必须完成的各个具体的阶段性成果。

确定员工完成任务所需要的才能和技能，这些任务是你和他们共同的责任。尽量录用人格魅力和技能同样出众的人才。当两者发生冲突时，录用那些可以融入团队，与大家和谐相处，受大家欢迎的人。

一个积极的团队应该是可以给成员带来快乐的，大家可以融洽地一起工作，有明确的目标。这样的团队，无论在多么激烈的市场竞争中都能够取得非凡的成就。缔造一个这样的理想团队并不断帮助其发挥最大潜能，实现最大的价值，是你应具备的能力，拥有了这种能力，你就能够为你的公司做出最有价值和最重大的贡献。

第八章 成果就是一切

▶▶▶ 行动练习 ◀◀◀

1. 如果你的团队过去非常完美，为了让你负责的工作取得巨大的成功，他们总是非常努力工作，那么现在的他们是这样吗，有什么不同呢？

2. 在你的工作中，哪三个成果是最重要的？

3. 在你要亲自负责创造的成果中，哪三个成果是最重要的？

4. 在你的工作中，哪三个任务是最重要的，对你的事业和个人成功的意义也最大？

5. 你最重要的员工是谁？为了实现最重要的成果，他们做的最重要的三件事是什么？他们知道吗？你愿意做一次"保住你的工作"这个游戏吗？

6. 为了帮助你缔造更优秀的和效率更高的团队，哪种改变是你愿意立刻进行的？

7. 尽快组织一次主题为"为什么付我薪水"的会议。帮助你的员工清楚了解他们的主要职责和次要职责。

FULL ENGAGEMENT

Inspire, Motivate, and Bring Out the Best in Your People

第九章

做公司里最受尊敬的中层管理者

如果我们做了所有我们擅长的事情,我们一定会让自己震惊不已。

托马斯·爱迪生
(Thomas Edison,美国发明家)

如果人们对自己的技能和他们的领导的远景规划没有信心，那么世界上任何有用的技巧和知识都不会激起他们的积极性及学习的兴趣。表扬是一种激励，但是这个表扬必须来自受员工尊重的领导，不受尊重的领导的表扬不会激励员工。如果一名中层管理者无法得到员工的认可，员工认为他是一位失败者，那么他就无法帮助那个团队建立自信，因为不管他说什么、做什么都不重要，没有意义。

　　本章是最后一章了，在这一章中，我将关注你，你这样一名中层管理者，以及你要做些什么才能成为一名最杰出的中层管理者。做好准备，一起来学习17条已发现的管理原则吧。如果你能坚持这些原则，你就会成为你们公司最有能力、最有效率、最成功和最受尊敬的人。

成为优秀中层管理者的17条原则

在过去的30年里,我和1 000多家公司合作过,大的小的都有,有创业型企业,也有世界500强企业。在每次合作中,我都努力去寻找管理中存在的所谓"成功的秘密",以及下面这个问题的答案:为什么有些管理者会比其他人成功?

我了解到,管理是一门专业,既是一门艺术,也是一门科学。它是建立在技术和方法的基础上的。作为一名中层管理者,某些你能够做的事情意义非常重大,有助于你按时、按计划完成工作,取得成绩。

别人能做的事情,你也可以。没人天生比你优秀,也没有人天生比你聪明。一些管理者比其他人表现优秀的原因在于,他们明白了什么是应该做的,什么是不应该做的。他们一遍又一遍地运用他们所学到的至关重要的经验,直至最终彻底掌握,驾轻就熟。

尽你所能,成为最优秀的中层管理者,是建立激励机制的基础。你只有证明你自己正直、聪明、富有洞察力和创造力,意志坚定并时刻渴望提高自己和培养你的员工,你才能有效地激励你的员工。

三个关键的导向

所有成功的管理者都有三个关键的导向。其一,他们都以结果为导向。他们会集中精力完成工作,并把工作做得非常棒。其二，他们都以解决办法为导向。他们把所有的精力都放在找出每天出现的困难和问题的解决办法上，而不会找借口，推卸责任，责备别人。其三，他们都强调行动的重要性。他们总是有事可做，不会无所事事。他们经常四处巡视，总是能够抓住他们的部门或公司的经济发展脉搏。

下定决心，迅速行动起来

当你得到了一个新点子，一定要立刻行动起来，把它付诸实践。得到了一个新的点子，你把它应用于实际的速度有多快，和你遇到任何新想法后采取行动的可能性有多大，两者之间有着直接的关系。如果新点子有用，你就学到了一项新技能。如果不能立马奏效，你可以得到反馈，从而进行自我矫正，继续前进。

下面就是17条管理原则，你必须学会它们才能管理好你的公司，你的团队。

原则1：弄清一切

也许对管理最好的定义是"通过别人获得成果"。管理并不是在你周围人的帮助下，你亲自工作，亲自干活。管理是通过别人完成工作。

正如我们在第八章所讨论的，在工作中，最能让人失去动力、变得消极的就是别人对自己没有期望；相反，最能调动人的工作积极性的，就是知道别人对自己的期望是什么。作为中层管理者，你的职责就是彻底弄清楚，什么是你应该尽力去做的，你该如何去做，同时，也让你的员工彻底明白他们自己的工作职责。

时间管理中有这样一条规则：花1分钟做计划可以节省10分钟的执行时间。花1分钟认真思考你的目标，彻底弄明白你的目标，然后通过讨论和反馈把目标传达给其他人，可以帮助你在实现渴望的成果时，节省10分钟的时间。

你工作和生活中80%的成功取决于你对各个方面的清晰理解。一位高效率的管理者一定知道，他们想努力获得的成果是什么。每一名为他们工作的员工也都非常清楚，为了实现整体目标，他们需要做什么。效率低下的管理者不知道他们自己的职责，因此，他们手下的员工也不清楚，这必然会导致时间和精力上的巨大浪费。

要想成为一名杰出的中层管理者，那就从弄清一切开始吧。

原则2：确立高标准要求

如果你的员工质疑你作为中层管理者的能力，他们就不会按照你要求的去做，不会听从你的领导，你也没有办法给予他们鼓励。在工作中，当发生最重大的事情时，一定要让其他人看到你的能力，尤其是在那些对于你们公司客户来说至关重要的地方，你要让自己和你的团队表现出众。

这是所有杰出的管理者应该具备的优良品质。他们会全身心地投入工作，而且也总能做到最好。今日我们所生活的环境，是人类历史上公司竞争最为激烈的时候，只有那些提供高质量产品和完美服务的企业才能生存下来。这必然是你关注的焦点。

以高标准要求自己的行为，为员工树立榜样。在要求别人做事时，一定要先证明，你非常愿意亲自去做，然后为你的员工制定同样高的标准。如果有必要的话，严格管理或开除那些能力不足的人。

学会接受反馈和自我矫正

最优秀的管理者总是希望客户给予反馈或提出建议。客户的称赞和抱怨都非常宝贵，都是在告诉你，什么事应该多多益善，什么事越少做越好。业绩最佳的人的一个显著特点就是，他们接受反馈并能自我矫正。像雷达一样，扫视你周围的环境，找出可以改善的地方，把工作做得更好。

现在有一个问题，回答这个问题对你以后的职业生涯至关重要：如果我们可以把每一件事都做得完美无瑕，那么哪一件事情会对我们的生意产生最大的影响？

不管你的答案是什么，把它记下来，制订一个计划，设置行动标准，安排人员开始工作，每一天都用最佳方法执行这个任务。只有这样，才能给你的整个人生带来改变，给你的整个职业生涯带来改变。

原则3：找出制约业绩的因素

这是现代管理学中最为重要的概念之一。根据约束原则，在你和你要实现的目标之间，有一个具体的制约因素，这个因素决定了你实现目标的速度。这种制约因素通常被称为瓶颈或堵塞点。有些时候，你可以把它看作现在所处位置和你想要到达的目的地之间的障碍。

例如，如果你想要提高你的销售额，关键的制约因素可能是你能吸引到的客户的数量，可能是你所吸引的客户的购买力，可能是你吸引的客户对你的忠诚度，也可能是你从你吸引的客户那里获得的潜在的销售量。

最优秀的管理者可以准确无误地确定，决定他们实现目标的速度的制约因素；他们努力尝试各种方法和策略来克服这些制约因素。

内在制约因素和外在制约因素

制约因素遵循80/20法则。制约你实现目标——不管是个人目标还是工作目标——80%的因素，源于你自身或你所在的公司，仅有20%来自外部。

是否意识到这一点，是高效能管理者和低效能管理者最主要的差别。高效能的管理者在寻找阻碍他们前进的因素时，总是会先从自身和所属团队的员工的组织结构、产品和服务、业务流程、广告及销售和营销等方面去寻找。普通管理者总是会把他们内部的问题归罪于外部制约因素，但是来自外部的制约因素不太可能有这么大威力。

有一个问题：哪一个制约因素，只要你彻底克服了，就可以让你快速实现你的目标，比任何其他方法都有效？哪一个问题，只要你解决了，在你实现你最重要的商业目标时，会给你带来最大的帮助？哪一个目标，如果你能实现它，就可以在工作中给你最大的帮助？

对于这个问题的答案，不管你的回答是什么，现在都要开始把你全部的精力放在克服那个制约因素上。这将给你未来的整个事业带来很大的改变。

原则4：开发你的内在天赋

被各种问题困扰而无法实现其目标的中层管理者会让整个团队失去动力。当领导者都无能为力的时候，员工会说，试了还有什么用？最鼓舞人心的领导者遇到问题不会束手无策，慌乱不堪。他们会集中精力，尽快解决遇到的问题和困难，继续朝着目标前进。

这里有一个好消息。根据所有的科学研究显示，你是一个潜在的天才。在日常生活中，你的绝大部分脑力都没有被开发利用，这部分绝对超出了你的想象。你可能拥有充足的知识和智慧，可以克服任何艰难险阻，解决任何难题，实现任何你想实现的目标。

要想开发你内在的天赋，你需要三样东西：①强烈渴望实现的目标；②亟待解决的难题；③焦点问题。要想改变你未来的事业和生活，你所需要的只是一个好的想法或主意。要想激发你的灵感，想出好的主意，你就要把全部精力集中在你的目标，你遇到的难题及关键问题上。

20个答案法

有一个很简单的练习，它可以改变你的生活。拿一张纸，在纸的顶端以问题的形式写下当前你最大的目标或最大的困难。例如，你可以这样写："在接下来的24个月里，我们如何才能让销售额翻番？"

然后强迫自己给这个问题找出20个答案。你开始这样做的时候并不容易。但是，通过强迫自己写下至少20个答案后，你会对出现在纸上的答案感到震惊。

一旦你写出了20个答案，再看一遍这些答案，选出一个，然后立即把它付诸实践。你越快实践这个想法，你找到其他答案的机会就越多。

以后要经常问自己这样的问题：哪一个问题，如果我解决了它，会给我的事业带来最积极的影响？不管对这个问题你的答案是什么，把问题写下来，想出20个答案，然后行动起来。你会发现它的惊人效果。

原则5：集中精力做最重要的事

有些技能可以帮助管理者和领导者取得成功，而有一些技能则是作为管理者和领导者必不可少的。在你的整个职业生涯中，集中精力，一次只做一件事的能力，可能比你其他的技能要重要得多。

如果员工不知道你今天关注的焦点是否会延续到明天，你如何能够调动他们的积极性？人们为什么尽他们最大努力去做一件现在很重要，但以后你可能会认为无关紧要的事情？

所有取得巨大成功的人，不管男女，他们都能把全部注意力放在其最重要的任务上，并会坚持贯彻始终。没有取得成功的普通人通常会把他们的精力分散开来，一次做很多的事情，而到最后，他们往往一件也做不好。

每天的每个小时里，都试着问一下自己下面的问题，并给出答案，防止自己精力分散。

对我来说，价值最大的活动是什么？你一定要彻底弄清楚，在你的所有活动中，哪件事可以为你的工作和生活贡献最大的价值。然后行动起来，花一整天的时间努力去做这件事。

为什么老板付我薪水？你到公司上班，要完成哪些确切的工作？他们为什么付薪水给你？日复一日，你必须取得哪些具体的成就，才能证明你的薪酬没有白拿？对于这个问题，不管你的答案是什么，每天都自问一下这些问题。

什么事是我能做并且只有我能做的，而且如果我把它干得非常好，就会产生巨大的影响？这是时间管理中最伟大的问题之一，在任何给定的时间内，都只有一个答案。总有某些事情是只有你能完成的。如果你不做，就无法完成。但是如果你做了且做得特别出色，它就能产生巨大的影响。它是什么？

对这个问题，不管你的答案是什么，它都应该是你每天、每小时及每分钟优先完成的工作。

现在，如何才能最有效地利用我的时间？在时间管理及谈到集中注意力时，充分利用每分钟和每小时，是这个问题的唯一答案。你的职责是安排好自己的时间和生活，然后投入全部精力在那个——比起其他任何一个任务——能给你的工作和事业带来最大影响的工作上。这就是集中精力的关键所在。

原则6：要有勇气坚持自己的信念

勇气是真正的领导者拥有的第二个最普遍的品质特征。为了取得巨大的成功，你必须能够鼓起勇气承担风险，走出舒适区，在无法保证成功的情况下勇于尝试新事物。经过反复研究，我发现，上层主管都是一些充满信心且愿意走出去以实现更高和更伟大目标的人，即使在前进途中可能存在许许多多的挫折、失败和令人失望的事情，他们也无所畏惧。

年轻时，我就懂得，某件事情可能改变我的命运，它就是：人人都有的恐惧。每个人都害怕很多事情。我们害怕失败。我们害怕遭受批评。我们害怕别人不喜欢自己。我们害怕经济或个人损失。我们害怕尴尬，害怕被别人嘲笑。我们害怕许多事情。但是如果我们允许恐惧掌控我们的思维，我们将永远也做不成任何有价值的事情。

演员格伦·福特（Glenn Ford）曾说过："如果你不去做你害怕的事情，那么恐惧就会控制你的生活。"一个勇敢的人不是无所畏惧。勇敢的人是尽管害怕，也会采取行动。美国作家拉尔夫·瓦尔多·爱默生的一段话对此做出了精辟的概括："想要功成名就，就要养成勇于面对恐惧的习惯。如果你做了你恐惧的事情，那么恐惧必死无疑。"

一个伟大的梦想

在管理学中，勇气并不意味着不带降落伞从飞机上跳下来。在这里，勇气是指在你经过仔细思考、制订计划和收集信息后，意识到与以前那些经过反复实验的方法、产品和服务相比，不断向前并进入未知的领域才是更安全的。而且，当你勇敢地采取行动时，似乎有一种无形的助力会伴随你左右。

仔细考虑这个问题：如果你知道你不可能失败，你敢有一个什么样的伟大梦想？如果你不害怕失败，不管哪种失败都不怕，你会为自己制定一个什么样的目标？采取什么样的行动？不管你的答案是什么，写下来，制订一个计划，今天就行动起来。

原则7：建立你的声誉

在你的职业生涯中，你能发展的最重要的东西就是一个好名声，也就是建立你的声誉。莎士比亚在《奥赛罗》中写道："谁偷窃我的钱囊，不过偷窃到一些废物；可是谁偷去了我的名誉，我就一无所有了。"

莎士比亚还在《哈姆雷特》中写道："你必须对你自己诚实；正像有了白昼才有黑夜一样，对自己诚实，才不会欺诈别人。"

我们现在讨论的就是"真诚"。一定要对自己和他人真诚。只有你自己活在真实中，才能对他人真诚。不要因为任何眼前的利益牺牲你的真诚。真诚是领导者必须具备的最受尊敬的品质；是实现快速发展的关键；是赢得尊重，提升自尊及让周围人忠诚于你的必要条件。

领导者对于建立和维持正直、诚实的名誉的要求都特别高。因此，要一直做正确的事情，在任何情况下，都要做你认为正确、美好和公正的事情。你对真诚的承诺同时也会直接影响你的自信和自尊，并让你赢得他人的尊重。

原则8：提前计划好每一个细节

制订计划是管理中的一个关键结果领域。你制订计划的能力及全盘思考需要做的事情的能力——提前写出来——是非常重要的，在很大程度上决定了你的整个未来。你的职责是确定需要完成的任务；你的员工的职责是确定如何完成它，在哪里、什么时候、需要哪些资源。因此，只有你能制订计划。

对你来说，制订计划的关键是彻底搞清楚期望得到的成果。然后你列一个清单，写出每一件完成任务必须要做的事情。调整清单上的事情，确定优先顺序。计算所需的资源，包括为了实现目标所必需的人员和时间。然后制订简单明了的计划，设计得就像一张建房子的图纸一样，其他人拿走后，可以完全按照图纸完成任务。

清楚地为完成目标制订计划的能力对你取得成功起着非常重要的作用，是其他任何一个因素无法比拟的。抓紧时间，把这件事做好。

原则9：在开始前进行周密安排

在管理中，安排工作意味着把所有你需要的资源集合起来，保证工作的完成。一旦你已经制订了计划，知道你想要获得的成果，以及为了完成任务你所需要的一切资源，你就可以安排员工、资金和其他资源了，然后你就可以实现你的目标或得到你想要的成果了。

在安排时，你要确定你所需要的确切资金，所需要的具体人员，以及那些人的能力和技能。你也要确定你需要的设备和厂房需求，例如所需的办公用具、器材、信息技术及其他必要的资源。

在安排工作和制订计划时，把工作看成一个带有特定功能和职责的项目，在一定的时间内为了达到特定目标，安排特定的员工，完成某项任务，并用特定的绩效标准进行考核。

制订计划和安排工作是一个高效能管理者进行管理的重要手段。你在这方面的实践越多，你就会做得越好，你获得的成果也就越多。

原则10：录用优秀的员工

这一点至关重要。作为一名中层管理者，你95%的成功取决于你选择的员工，是他们在帮助你完成工作，实现目标。

正如在第七章所讨论的，很多人虽然已经做了管理者，但他们从未接受过系统的培训，不知道如何有效地进行面试，选择员工。因此，大多数雇用决定都是非常随意的，多是凭直觉行事。但是，在现代社会人才短缺和竞争极其激烈的情况下，你必须在一开始就雇用到优秀的员工，掌握先机。

当你打算招聘一名员工时，在你开始筛选应聘者前，拿一张纸，坐下来，写下理想人才所应具备的品质、性格特点和能力。写好后，把这张纸拿给那些以后可能会和这个人一起工作的人看看，根据他们的意见做出删减，直到最后大家达成一致。然后，根据这张纸上写的内容，比较各个应聘者，开始你的选拔过程。这个行为可以帮助你淘汰一些不合适的人选，挑选出所有应聘者中最优秀的人。

顺便说一下，管理者招聘不到优秀员工的一个主要原因是，他们不能解聘那些没有能力的员工，因为害怕伤害他们的感情。如果你的团队中有一名员工，他既没有能力，也不愿意努力工作，那么你必须尽快解聘他，给有能力者腾出位置。这是中层管理者的主要管理职责。

原则11：学会进行有效授权

关于这方面，也很少有管理者经历过系统的培训。但是授权的艺术在很多书里都有介绍，成百上千的文章曾对此进行过广泛的讨论。实际上，有效授权是管理者成功的关键。如果授权做得不好，作为一名中层管理者，你很难有所发展。你必然会失去管理者的职位。一个不能放权的管理者必然会被拥有此项能力的人所取代。

幸运的是，你可以学习如何做好授权。掌握授权技能的关键很简单：第一，在进行授权前，认真思考需要完成的任务；第二，根据员工以前的经验和现在具备的能力，慎重挑选完成任务的合适人选；第三，与第三人彻底讨论这项任务后，请他对这项任务提出他的看法和意见；第四，为了完成工作，在各个方面为接受任务的人提供帮助，例如提供人员、资金和其他资源等方面的帮助；第五，记住授权不是放弃权力，你仍然有责任。经常和团队成员进行协商，确定每一件事都在按计划进行。

授权不善曾让强大的军队溃败，伟大的企业走向破产。授权一定要谨慎行事，要有耐心，要明察秋毫。认真研究授权的技巧，使之成为你此后职业生涯发展的一部分。

原则12：及时了解工作进展

一旦你已经制订了计划，安排好了工作，确定了员工，也进行了授权，那么你一定要监督你的员工，确保他们按时并在预算金额之内完成工作。

也许，今天最好的监督技巧就是"走动管理"。这就要求你75%的时间要和员工待在一起，和他们说话，问他们问题，寻求他们的反馈，给他们提意见。所有最杰出的管理者，他们的员工大多数时候都可以见到他们，如果他们的员工有困难或疑问，他们都能及时给予帮助。经常和你的员工交流，你就可以定期得到及时的反馈。你就可以清楚了解工作的进展情况。也就不会出现什么意料之外的事情让你措手不及了。

最优秀的管理者重视目标管理。每一名员工都应该清楚地明白他应该做什么，应该达到什么标准，什么时候完成。管理者可以经常问问员工："事情进展得怎么样？"

管理者应该是一位援助者，一位传授者，一种资源，其工作是协助员工顺利完成工作。好的管理者应该经常关心自己的员工，确保他们拥有完成工作所需的一切资源，帮助他们充分发挥其最大潜能。

作为一名管理者，也许最重要的事情是要经常鼓励员工，调动员工的积极性。告诉他们，他们工作得非常出色。谢谢他们，感谢他们把每一件事都做得如此不同凡响。当你在看着他们，倾听他们的谈话时，冲他们微笑。在其他员工面前或在员工会议上表扬他们。创造一个优越的工作环境，让员工感受到自己非常重要。

原则13：定期向上司汇报情况

那些能够得到更丰厚的工资、获得更快晋升的人，都会定期清晰地把他们的工作进展汇报给周围的人。对你来说，把工作做好，按时完成工作，远远不够。你必须把你的工作情况及时向一些人汇报，因为他们的建议对你至关重要，尤其是你的上级领导。

高级主管在工作实践中不希望发生意外事件，不希望事情超出他们的控制。他们不喜欢任何形式的意外。如果某件事的发生带来的结果不在预期内，立刻向上级领导报告，解释清楚发生了什么，以及你即将采取的解决办法。

你的上司可能是视觉型的人，也可能是听觉型的人，因此你要知道报告事情时应采取的方法。一个视觉型的人希望你记录下每一件事情；而一个听觉型的人倾向于你能够大声说出一切。找出你的上司更喜欢通过哪种方式了解信息。从此以后，向上司汇报工作时，一定要使用会让上司感觉舒心的方式。这必将给你的职业生涯带来巨大的影响。

原则14：寻找方法提高业绩

这也是管理的一个关键结果领域。你的职责是，不管什么工作，你都要保证把它完成。从严格意义上来讲，提高效能通常意味着不停地寻找方法提高产出和投入的比例，在不增加成本甚至降低成本的情况下，提高产品的数量和服务的质量。

为了维持高水平的效能，你必须不停地寻找各种比以前更简单、更有效率的方法，更快、更好地完成任务。你必须向你的员工灌输一种持续进步的理念。每天，在每个方面，你和你周围的每一名员工都要不停地寻找新方法，更快、更好地完成工作。

要想获得更高的效能，这里介绍三个"R"，分别是重组（reorganization）、再造（reengineering）和调整（restructuring）。

- 重组要求你经常调整员工的工作，让他们能够有更多的机会完成有更大价值的工作。
- 再造要求你在实现目标的过程中，要经常分析你的工作流程，寻找方法简化流程，使之更顺畅、更有效。不管什么任务，都要想办法减少步骤，降低复杂性，由此减少完成工作所必需的时间和成本。这种努力通常会带来更高的效能，并节省下大量的人力和物力。
- 调整要求你要经常调动你最重要的员工和最重要的资源，把他们放到可以为你的客户带来最高价值的产品和服务的地方去。你要集中精力努力工作，用20%的任务、产品、服务和活动，为你的公司带来80%的成果和回报。

在组织工作时，你越有效率，员工从你这里得到的鼓励就越多。相应的，员工越积极，他们的工作效率就越高，作为一名中层管理者，你的能力体现得就越明显。

原则15：保证产品和服务的质量

个人能力至关重要（见原则2），但是质量也同样不可忽视。质量要求你做到最好，保证产品和服务具有竞争优势，唯有如此，你所销售的产品在市场竞争中才能脱颖而出，战胜其他对手。

对那些积极乐观和充满幸福感的员工来说，当顾客购买了他们的产品或服务，他们通常都会有荣誉感。另外，如果一家公司的员工漫不经心地对待自己提供的产品和服务的质量，他们不会有什么积极性，也不可能发挥自己最大的潜能。

如果你要做市场调查，最有效的方法就是，问你的客户是如何定义你们提供的产品和服务的质量的。很多个人和公司都致力于改善产品和服务的质量，但他们关注的往往不是顾客所关心的。问你的顾客，为什么购买你的产品和服务，而不是购买别家的。然后，不管他们为什么做出这样的购买决定，都要尽全力在促使他们做出购买决定的地方做得更好。

在你的公司中，不仅要制定业绩考核标准，还要制定质量标准。20多年的研究表明，那些备受瞩目的公司都有着良好的声誉，他们提供的产品和服务的质量必然也是优于其他公司的。

影响顾客定义产品和服务的质量的因素有两个：第一个是产品和服务本身；第二个，通常也是更重要的，公司员工销售产品和提供服务的方式。最优秀的公司卖的不仅是他们的产品和服务，他们还向顾客推销自己，以一种友好、真诚和以顾客为导向的方式。因此，这也是你应该做的。

仔细回顾一下，问自己这样一个问题：哪一个领域——如果我们是这个领域负责质量管理的领导者——会对你公司的未来产生最大的影响？

不管答案是什么，都要集中精力，在该领域的产品和服务上成为绝对的优胜者。这必然会给你将来整个职业生涯带来改变。

原则16：制定5年远景规划

人们在实现理想的过程中，总是非常积极，充满了激情。不仅是为了自身的理想，也是为了他们为之奋斗的公司的理想。

组织发展涵盖了建立公司的所有因素，包括产品和服务的选择；特定市场的确定；公司的经营范围；对公司人员的聘用、培训和人员管理政策；领导力和战略决策、资金、劳工政策及公司内部文化等事宜的确定。

在制订战略规划时，成功的领导者常做的一个练习就是，请顶级的管理团队设想，从今日起，经过5年的完美发展，公司会是什么样。你也可以为你的公司做这个练习。

到各间办公室，让每一位管理者都想象一下，如果公司是该行业发展最好的公司，5年后，他们理想中的公司是什么样子，将会获得怎样的声誉。把这些记录下来。一旦你对公司的未来有了一个清晰的定义后，按优先顺序安排这些远景规划，然后开始制订计划。一开始制订计划时，就要把你打算如何改变或改善公司的某些事情纳入日程，以确保在5年后这些目标能够实现。

原则17：持续创新，坚持不懈

你的公司是在不断前进，还是已经停滞不前了？你拥有行业的尖端产品吗？还是你的产品已经过时了？只有在一家持续创新的公司中，员工的积极性才会被调动起来，他们才会努力工作，不停地寻找最佳的工作方法。

投入时间和资金进行研发的目的是创造新的产品和服务。

绝大多数的一流企业的目标是，每年20%的营业收入源于过去24个月内研发的新产品。一定要不停地思考和计划，因为你最畅销的产品或最受欢迎的服务可能很快就会跟不上时代的潮流，在激烈的市场竞争中被驱逐出去。你下一个主打产品或服务是什么呢？

经常和你的员工召开头脑风暴会议。在白板上或活动挂图上写下一个简单的问题。然后，花15分钟到30分钟的时间，大家集思广益，尽可能多地想出有创造性的主意，解决问题或实现目标。如果你能定期和你的员工召开头脑风暴会议，总是有意想不到的惊喜在等着你。你会发现，普通员工能够提出很多惊人的想法和见解，而很多都非常有助于你公司的快速发展。

坚持问自己："如果我们这项工作没有采用这种方法，现在重新开始的话，我们还会采取同样的方法吗？"或者："会不会有一种方法比我们现在使用的这种方法更好呢？"

仔细研究你对手公司中最成功的人，找到方法效仿他们最成功的实践。比较一下你的业绩和同行中最成功的人的业绩的差别。为自己设定一个高标准，坚持不懈地寻找方法满足并超越这些标准。新想法和创新是21世纪生意成功的关键，也是一名管理者事业取得成功的决定因素。

结束语

现在，我们来总结一下本章提到的一些想法。当前时代是人类历史上最活跃的时期。在这样一个市场动荡和市场紧缩共存的时代，每个人都有无数的机会和可能性证明自己的技术和才能，不断获得提升，最终步入领导者的行列。

在本章中，我介绍了17条对高效能的管理者最重要的实践原则。回顾一下这些原则，按照从1到10的分级，评估一下自己，看看自己在每一个方面的表现如何。在所有对你来说最重要的技能中，通常最弱的一个会拖你的后腿，让你的其他技能无法充分发挥出来。

你一定要确定哪个方面是你不擅长的，哪个方面是你可以改善提高的。要想在某一关键方面取得进步，就制订一个计划吧。当你听到很多非常不错的主意时，就像你在本书中看到的，你自然会想在很多方面提高和充实自己。但这样做往往达不到预期的效果。好一点的办法就是，选一个单一的方面，你觉得提高后可以给你带来重大改变的方面，把所有精力都放在提升这一项技能上，直到你彻底掌握，运用自如。

行动起来

记住，所有成功的管理者都是以成果、解决办法及行动为导向的。对高效能的管理者而言，最重要的是以行动为导向。

当他们想到一个想法或看到一个机会时，他们就会立刻采取行动。当他们听到一个好主意时，他们也会快速行动起来。他们都有一种紧迫感。他们偏爱行动。做每一件事时，他们都雷厉风行。你也应该这样。

很多人在管理方面无法取得进步的主要原因是，他们不敢尝试任何新事物。他们陷在自己的舒适区内，不愿迈出半步。他们一再地用雷同的、老旧的方法做着同样的事情，其结果必然不会有任何不同。经常回顾本章的内容，每次当你感到需要帮助的时候，从中选一个建议，然后立刻把那个建议付诸实践。现在就做！有了想法，立刻采取行动！

好消息是，你行动得越快，你获得的能量就会越多；你行动得越快，你得到的反馈也就越多；你行动得越快，你获得的成果就会越突出，你对自己也就越满意；你行动得越快，你对其他人的影响也就越大；你行动得越快，你就会有更大的信心和勇气，你就会更快地成为同时代最杰出的管理者之一。

祝你好运！